회계 천재가 된 홍 대리

〈4〉

회계 천재가 된 홍 대리

4

원가 절감

손봉석 지음

다산 북스

contents

홍승환(홍 대리)

"협력사와의 상생경영보다 더 중요한 게 있죠."

무한유통에서 '유배 부서'로 불리는 구매부서의 대리. 비용 절감 TFT에 지원해 원가 절감의 비밀을 깨달아간다.

홍영호

"결국 직원을 비용이 아닌 자산으로 보는 시각이 중요합니다."

무한유통의 경영 컨설팅을 담당한 회계사. 무한유통의 피 튀기는 사내 전쟁으로 어려움에 처하는데……

고한영

"당장의 손실은 있어도 미래 성장을 위해선 감내해야 합니다."

무한유통 사장. 성장만이 살길이라는 믿음으로 사업을 하던 중 인사관리의 어려움을 겪는다.

이영달

"위기가 닥치기 전에 문제를 해결하려는 것뿐인 걸요."

경영기획실장. 원가 절감 프로젝트의 핵심은 구조조정이라고 생각한다.

박인영

"더 큰 걱정은 어느 날 갑자기 거래가 끊길지도 모른다는 거지."

무한유통 생산1본부를 책임지는 생산부장. 회사에서 아웃소싱으로 전환돼 강자의 횡포에 시달린다.

구조조정의
신호탄

대기업 무한실업의 이사였다는 고한영의 이력은 홍승환 대리를 비롯한 무한유통 직원들로 하여금 새로운 사장이 깐깐하고 피도 눈물도 없을 거라는 선입견을 갖게 했다. 그런데 막상 오늘 사장 취임식에서 접한 고한영 사장의 첫인상은 지극히 평범했고, 취임사 역시 요란하지 않았다.

　　"저는 소위 말하는 백 하나 없이 순전히 자력으로 커리어를 쌓아온 사람입니다. 가난한 집안에서 태어났고, 서울의 중위권 대학을 졸업한, 어찌 보면 내세울 것 하나 없는 저였지만……."

　　홍승환 대리는 자기만의 생각에 빠져 취임사는 듣지도 않고 자꾸 몸만 뒤척였다. 그때 그의 시선을 사로잡은 것은 다름 아닌 불룩하게 나온 자신의 배였다. 며칠 새 배가 더 나온 것 같았다. 몇 달 동안 식단도 조절하고 꾸준히 운동을 해서 몸이 살짝 가벼워졌다 싶었는데, 사장이 바뀐다는 얘기가 들려오면서부터 뒤숭숭해진 회사 분위기에 편승해 운동도 안 하고 식사조절도 게을리했더니 그새를 못 참고 몸무게가 원상 복귀된 것이다. 사실 회사 분위기와 식단조절이 무슨 상관이 있겠는가. 다이어트가 여간 하기 싫은 게 아니었는지 핑계를 대려면 뭐든 댈 수 있을 것 같았다.

"새로 오는 사장님, 어떤 사람이래?"

오늘 아침에 밥을 먹으며 아내 승미가 물었을 때, 수저를 들던 승환은 순간 주춤했다.

"글쎄, 무한실업 이사였다는데…… 어떤 사람인지는 겪어봐야 알겠지."

대답은 그렇게 하면서도 순간 승환의 머릿속에선 오만 가지 생각들이 오갔다.

"당신은 별문제 없는 거지?"

승미는 예솔이와 겸이의 밥 먹는 걸 챙겨주면서 걱정스레 승환을 쳐다보았다. 여기저기서 구조조정이니 명예퇴직이니 하는 소리가 들려오는 마당에 남편 회사의 오너가 바뀐다니, 당장 무슨 일이 일어나지나 않을까 싶었다.

"걱정하지 마. 다른 사람은 몰라도 홍승환은 끄떡없을 테니까."

승환의 말에 아내는 조금은 안심하는 기색을 보였다. 더욱이 남편이 요즘 몇 술 뜨는 둥 마는 둥 해서 걱정이었는데 아침밥을 한 공기 뚝딱 해치우자 미소까지 지어 보였다. 승환은 속마음을 숨긴 채 아내와 아이들을 향해 어색한 미소를 지을 수밖에 없었다.

구매부서의 다른 직원들도 홍 대리와 비슷한 심정인 듯했다. 사장 취임식을 끝내고 사무실로 돌아온 직원들은 향후 회사가 어떻게 돌아갈지에 대해 얘기하기 바빴다.

결론이 나지 않는 추측성 얘기들만 무성하게 오가던 중 갑자기 양정구 과장이 툭 내뱉듯 말했다.

"그나저나 박용철 사장이 회사를 떠난 마당에 박 상무는 어떻게 되는 거지?"

박수영 상무는 박용철 전 사장의 동생으로, 형이 정치를 한다며 회사 일을 등한시했던 지난 5년간 무한유통의 실질적 사장 역할을 해왔다. 그런데 박용철 사장이 최근 정치에 전념하기로 마음을 굳히고 회사를 매각해 버리자 박수영 상무의 사내 입지가 애매해져 버린 것이다.

여전히 사내에선 박수영 상무를 실질적인 사장으로 생각하며 따르는 무리가 많았다. 이 와중에 새로 온 사장은 자신의 세력을 구축하려 할 것이고, 그동안 박용철 사장의 그늘에 가려 기회를 엿보던 사람들 또한 이때를 틈타 실권을 지려고 숨겨둔 발톱을 세우고 있었다. 리더가 사라진 상황에서 회사 내 권력 축의 거대한 이동이 시작된 것이다.

"사장은 아니지만 박수영 상무님도 세가 만만치 않으니……. 이러다가 새로 오신 사장님이랑 뭔 일 나는 거 아닌가 모르겠어요."

홍 대리의 얘기에 유만식 부장이 불쑥 입을 열었다.

"난 노조 쪽이 더 걱정이네……."

노조도 입장이 여간 난감한 게 아닐 것이다. 박용철 전 사장이 약속했던 임금인상을 수년째 미뤄온 탓에 노조 측 불만이 커진 상황에서 사장이 갑자기 바뀌어버렸으니 무슨 일이 일어날 것은 분명해 보였다. 또 대법원이 정기상여금이 통상임금에 포함된다고 판결하면서 노조들은 회사에서 그동안 지급하지 않았던 통상임금까지 지급해야 한다고 주장하고 있었다. 통상임금은 연장수당과 휴일수당 등 시간외 수당을 결정하는 기준이 되는데, 무한유통은 관행처럼 기본급과 별도의 상여금 등을 통상임금에 포함하지 않고 있었다.

"임금인상안이 타결된 다음 사장이 바뀌면 좋았을걸."

"어쨌든 이번엔 꼭 인상돼야지. 지금껏 참은 게 몇 년인데……."

양 과장은 단결을 하자는 의미로 주먹을 불끈 쥐어 보였다. 그는 직원들은 항상 받는 것 이상으로 일하는데 잉여금은 회사가 모두 가져간다고 생각해 왔다. 일은 직원들이 다 하는데 이익은 책상이나 지키고 있던 사람들과 회사가 다 가져간다는 것이다. 그러니 이런 불공평함을 바로잡기위해 임금인상은 당연한 요구라고 생각했다.

"물가가 오르는 중인데도 지난 4년간 임금을 동결시켜서 위기 극복에 동참했고 그 결과로 경영정상화를 이룬 만큼, 임금인상은 당연한 거지."

"번 만큼 받아야 해."

"월급 빼고 다 올랐는데 월급만 안 오르는 것은 말이 안 돼."

노조 직원들이 한목소리를 내자, 유 부장이 한마디를 툭 던졌다.

"일한 만큼 받아야 하는 것도 맞고 임금을 인상해야 한다는 말도 이해하지만 일감도 줄고 순환 배치로 특근도 감소했는데 감소한 특근비까지 보상해 달라고 하는 것은 무리한 요구일 수도 있어. 회사에 원수 갚는 심정으로 임금 투쟁을 벌인다면 끝도 없어. 노조도 회사도 타협점을 찾아야 하는 거지."

홍 대리는 내심 고한영 사장이 안쓰러웠다. 회사 안팎으로 산적한 문제를 새 사장이 알고는 있는 건지, 처음 사업하는 사람으로서 회사의 수많은 문제를 어떻게 헤쳐 나갈지 점점 걱정이 됐다.

"성장 동력을 최대치로 끌어올리기 위해 원가 절감과 생산력 향상에 집중합시다."

홍승환 대리는 아침부터 회사 커뮤니티에 올라온 고한영 사장의 글을 읽으며 커피를 홀짝였다. 새로 취임한 고한영 사장은 회사의 경쟁력을 키우기 위해 제품 원가를 낮추는 데 총력을 기울여야 한다며 직원들을 독려하고 있었다.

"성장 동력, 원가 절감, 생산력 향상…… . 말은 그럴듯

하지만 결국 구조조정 하겠다는 거 아니야?"

옆자리 양정구 과장이 인터넷으로 주식시세를 확인하며 말했다.

"곧 조직개편이 있을 거라는 말도 있던데, 사실일까요?"

승환이 조심스레 묻자 양 과장은 고개를 갸웃거리며 대답했다.

"어쩌면 회사가 조직개편을 당하지 않을까 싶기도 한데……."

"예?"

승환이 무슨 말인가 싶어 되묻자, 이번엔 무슨 중요한 비밀이라도 알려주듯 양 과장은 목소리를 낮춰 말했다.

"박수영 상무가 직원들 데리고 나간다는 얘기가 있거든. 정말 그렇게 되면 회사가 조직개편 당하는 꼴이지 뭐겠어?"

그제야 무슨 말인지 알아들은 홍 대리는 작게 한숨을 내쉬었다. 조직개편을 한다고 해도 자신과는 거리가 먼 얘기였다. 대기업에서 영업만 15년을 해왔다는 고한영 사장의 이력이나 성장 동력과 생산력 향상을 몸소 주창하는 걸 종합해 볼 때, 판매부서나 생산부서에 힘이 실릴 가능성이 높았다. 지금까지 회사 내에서 변두리 신세를 면치 못하고 있던 구매부서의 처지는 앞으로도 크게 달라질 것 같지 않았다.

갑자기 가슴이 답답해졌다. 승환이 몸담고 있는 구매부서는 회사 내 유배지로 통했다. 신입 직원을 뽑으면 고객을 상대로 하는 판매부서에는 제품에 대한 지식과 말주변까지 갖춘 능력 좋은 신입들이 배치되고, 물건을 사 오느라 돈만 쓰는 부서인 구매부서에는 가장 어리숙해 보이는 신입 직원을 배치하는 게 회사 내의 공공연한 관행이었다.

구매부서가 알뜰살뜰히 아껴서 경제적 토양을 마련했다면 판매부서는 그 위에서 끝도 없이 뻗어 나가는 나무와도 같았다. 구매부서는 한도 내에서 움직여야 했지만 판매부서는 어떤 조건이나 비용에 제한을 두지 않았다. 그러다 보니 구매부 직원들은 덩달아 스스로를 열등한 존재라 치부했고, 서로 티는 안 냈지만 내심 같은 구매부서 동료와 상사까지도 그렇게 보고 있었다.

쫓겨나지 않는 이상 승환은 계속 무한유통의 구매부서 대리로서, 태엽으로 움직이는 로봇처럼 매일 반복되는 일을 해야 할 것이다.

'어디 바람이나 쐬고 왔으면 좋겠네.'

마침 그때 전화 통화를 하는 유만식 부장의 목소리가

들려왔다.

"동욱이 어머님, 저 무한유통 유 부장인데요. 오늘 오후에 농가를 방문할까 하는데 괜찮으시겠어요?"

유 부장은 오늘도 다 낡아빠진 차를 끌고 시골 농장으로 외근을 나갈 모양이었다. 언제나 농장으로 나가는 날 오전에는 저렇게 농장주들에게 일일이 전화를 걸어 시간을 조정했다. 홍 대리는 그런 유만식 부장을 이해할 수 없었다. 무한유통에서 취급하는 물건들 거의 대부분이 직접 가공한 제품들이고, 농수산물 유통량은 전체 물량에서 불과 20퍼센트 정도밖에 차지하지 않는다. 그런데도 농산물 확보를 위해 직접 농가를 방문하는 것은 명백한 시간 낭비이자 에너지 낭비일 뿐이라는 게 홍 대리의 생각이었다. 군이 직접 농가를 찾아다니면서 바이어 역할을 자처하고 있으니 여간 답답한 게 아니었다.

그런데 어쩐지 홍 대리는 오늘따라 몸과 마음이 따로 노는 듯했다. 왜 그랬는지 모르지만 홍 대리는 그날 유 부장의 차에 탔고, 유 부장 또한 그 이유를 묻지 않았다. 그날 오후 두 사람은 그렇게 광주 외곽으로 나갔다.

오랜만에 풀 냄새, 나무 냄새를 맡으니 마음이 확 트이는 것 같았다. 동쪽으로 한 바퀴 돌아오면서 중간중간 여러 농가들을 거쳤고, 유만식 부장은 매번 농가 주인들을 만날 때마다 옆집 이웃마냥 친숙하게 얘기를 주고받으며 이번 주까지 납품받을 물량과 품질을 체크해 나갔다.

"토마토가 아주 싱싱하니 좋은데요? 신경을 많이 쓰셨나 봐요."

유 부장의 말에 나이 지긋한 농가 주인장이 애써 웃어 보였다. 검게 그을린 그의 얼굴에 마른땅처럼 갈라진 주름이 깊은 골을 만들며 마음을 드러내고 있었다. 유 부장과 홍 대리는 묻지 않았지만 그 이유를 알 수 있었다. 채솟값이 오르건 내리건 농가는 여전히 적자를 면하지 못했고, 기름값 부담에 수확에 대한 기대감은 이미 꺾여 있었기 때문이다. 그래도 주인은 희망을 잃지 않았다는 듯 말했다.

"유 부장님 말씀대로 해서 이 정도라도 건졌습니다. 근데 토마토 다 거두고 나면 뭘 심어야 될까요?"

"보니까 올해 딸기를 심은 농가가 별로 많지 않더라고요. 아마 올 하반기에 들어서면 딸기가 많이 오를 것 같던데, 딸기 한번 심어보시지 그래요."

주인장은 과거에 딸기 농사도 지어보았다가 낭패를 본적이 있었는지 딸기에 대해서도 꽤 잘 알고 있었다.

"딸기의 기는줄기는 일종의 번식기관입니다. 기는줄기가 많으면 양분을 다 흡수해 버려서 열매가 제대로 클 수가 없죠. 그래서 딸기를 재배하는 내내 기는줄기를 잘라줘야 해요. 딸기 농사를 하면 버려야 하는 부산물이 5톤이 넘게 나오는 것이 좀 신경이 쓰이기는 하지만 농사짓는 사람들이야 내 농작물이 가격을 제대로 인정받는 것이 진짜 보람 아니겠습니까? 올해는 부장님 말씀 따라 딸기를 한번 심어봐야겠네요."

농장 주인은 유 부장의 신봉자라도 된 것처럼 연신 허리를 굽실거리며 고마워했다.

회사 내에서는 공자 왈 맹자 왈 하며 시대에 뒤떨어진 사람으로만 여겨졌던 유 부장이 농장주들에게서 인정받는 모습은 꽤나 낯설었다.

순전히 회사 입장에서 보자면, 많은 시간을 쓸데없는 일에 허비하는 것일 수도 있었다. 무한유통 입장에서는 원하는 물건을 어느 농장에서건 구입만 하면 되는데, 일일이 농장주의 얘기를 듣고 상담까지 해주는 유만식 부장이 내심 답답했다.

회사로 돌아가는 차 안에서 승환이 유 부장에게 물었다.

"부장님은 어떤 작물을 심는 게 좋을지 어떻게 아시는

거예요?"

유만식 부장은 초등학교 선생님이 학생의 질문에 대답하듯 차근차근 설명해 나갔다.

"경제학의 핵심인 수요와 공급의 원리만 잘 알면 가격이야 쉽게 예측할 수 있지. 농작물이 많이 나오면 가격이 내려가고, 농작물이 적게 나오면 가격은 올라가잖아. 더욱이 우리나라 농가들은 대부분 소규모야. 대규모로 하는 곳은 전국을 뒤져봐도 몇 군데 안 되니까 그런 농가들만 알고 있어도 농민들이 어떤 작물을 심었는지, 올해는 어떤 작물 가격이 오를지 내릴지 자연스레 알 수 있거든."

휴가철이면 유 부장은 가족과 함께 휴가도 보낼 겸 일주일 정도 전국의 농가를 돌아본다는 이야기를 양 과장에게서 들은 적이 있는데, '그게 다 이유가 있었구나' 하는 생각이 들었다.

"우리야 싼 물건을 구입만 하면 되는 건데, 굳이 그렇게 많은 정보를 납품 농가에 알려줄 필요는 없지 않을까요? 왜 그렇게까지 하시는 거예요?"

이해할 수 없다는 투로 말하는 승환에게 유만식 부장은 멋쩍게 웃으며 대답했다.

"홍 대리 말대로 물건을 구입하는 게 우리의 주된 일이고, 그 일만 해도 회사에서 월급 받는 데 지장은 없어. 그런데 나는 최소한 우리의 협력업체인 농가들이 가난에서 벗어나도록 도와줘야 한다고 생각해. 어찌 보면 농가들은 우리가 팔 물건을 만들어주니까 고객보다 더 중요한 사람들이라고도 볼 수 있지. 농가들이 잘되면 우리도 좋은 물건을 구입하니까 함께 좋아지는 거고, 장기적으로 보면 내가 준 게 나에게 다시 돌아오는 것이거든."

홍 대리는 입을 다물고 말았다. 세상은 서로 나누며 살아야 한다는 것은 이상적인 이야기일 뿐, 그렇게 일일이 마음을 퍼주니 오늘만 해도 오후 근무시간을 통째로 농가에서 보내게 된 것 아닌가. 주는 것이 받는 것이라는 말도 이상적이어서 그렇게 주기만 하다가는 받기도 전에 지쳐서 쓰러져 버릴 것 같았다. 패기도 야망도 없는 이런 상사 밑에서 무슨 장밋빛 미래를 기대할 수 있을까?

바람을 쐬러 나왔건만 회사로 돌아가는 길은 여전히 갑갑하기만 했다. 현실이 갑갑하니 퇴근 후 술자리가 많아졌고, 그러다 보니 빠지지 않고 꼬박꼬박 다니던 헬스클럽에도 벌써 보름째 발길을 끊고 있었다. 운동과 식사조절은 차츰 통제가 불가능해졌고, 뱃살과 체중은 하루가 다르게 늘어만 갔다.

'세상이 다 내 마음 같지 않은데 그깟 살 좀 찌는 게 무슨 대수라고…….'

승환은 오늘도 술잔을 기울이다가 느지막이 귀가했다.

"우리 예솔이, 겸이는 뭘 하나?"

아이들 방으로 들어가려는 승환을 아내가 가로막았다.

"당신 요즘 왜 그래? 어떻게 매일 술이야?"

아내의 잔소리에 승환은 급히 둘러댈 말을 찾다가 박 상무를 들먹이기 시작했다.

"오늘은 박수영 상무님 때문에……."

"상무라면, 전 사장 동생? 그 사람이 왜?"

승미는 혹시 회사에 무슨 일이 터진 건 아닌가 하고 금세 표정이 경직됐다.

"말 한마디 없이 회사에 안 나오고 있거든."

요즘은 사표도 문자로 통보하는 세상이라지만, 그래도 실제로 회사를 운영해 왔던 임원이 이런 식으로 회사를 떠난다는 것이 이해가 가지 않았다.

"그런 일이 있었어? 무슨 일이든 끝이 좋아야 되는 건데……."

"그뿐이면 다행이지. 박 상무 쪽 사람들이 오늘은 단체로 사직서를 내고 바로 짐 싸 들고 회사를 나가버렸잖아. 어떻게 인수인계도 안 하고 나가버릴 수가 있냐고."

이번엔 아내가 눈을 반짝이며 물었다.

"그 사람들은 회사 관두고 뭐 한대?"

"박 상무가 따로 회사를 차린다는 말도 있고, 우리 경쟁사 중 하나에 단체로 입사한다는 말도 있고……. 말만 많지, 뭐."

"그럼 그 사람들이야 제 살길 찾아간 거네. 근데 왜 당신이 술을 마신 거야?"

승환은 순간 말문이 막혔다.

"어? 그냥…… 하루아침에 정든 회사를 나가버리는 걸 보니까 세상이 너무 각박한 거 같아서 울적해지잖아."

"술 마실 사람은 당신이 아니라 당신네 사장님이네. 가뜩이나 사업 처음 시작한 양반이 이래저래 힘드시겠어."

아내의 얘기에 승환은 냉큼 맞장구를 쳤다.

"아니, 그래서 술을 마셨다니까. 사장님이 어떻게 이 위기를 타개해 나가실지 회사의 앞날이 너무 걱정스러워서 말이지."

"쓸데없는 소리 말고 얼른 씻고 들어가서 자. 괜히 애들 깨우지 말고……."

오늘도 왠지 답답한 마음에 술을 마시고 들어와 변명으로 일관한 승환이었다. 다른 날과 별다를 것 없는 하루가 이렇게 또 저물어가고 있었다.

비용과의
전쟁

고한영 사장은 늦은 시간까지 회사에 남아 있었다. 어떻게 해서든 지금 상황을 헤쳐 나가야 했지만 그저 막막할 뿐이었다.

박수영 상무의 무단 퇴사와 직원들의 단체 사표 제출, 그리고 거래처들의 이탈. 처음부터 박 상무가 탐탁지는 않았다. 전 사장의 동생인 그는 형을 대신해 회사를 맡아 오면서 무한유통을 거의 파산 직전 상태까지 몰고 간 장본인이었다. 외형적으로는 별문제 없어 보였지만, 회사 내부는 이미 곪을 대로 곪아 있었다. 해마다 직원들 절반이 이직한다는 사실이 이를 증명해 보였다.

그럼에도 고 사장은 업무 파악을 위해 당분간 박 상무

를 옆에 두려 했다. 그런데 박 상무가 뒤통수를 치기로 작정한 듯 어느 날부터인지 갑자기 회사에 출근하지 않았다. 거기다 코로나 팬데믹으로 재택근무를 하다가 비상근무 체제로 바뀌면서 사무실 복귀를 공언하자 직원들까지 무더기로 사직서를 제출했다. 재택근무에 익숙해진 직원들이 다시 통근하기 시작하면서 피로감을 느낀 탓이었다. 직원들은 코로나가 종식돼도 재택근무를 하는 회사에 다니겠다면서 이제 출근은 출장으로 생각하는 듯했다. 그래서 주 3일 이상 출근을 원칙으로 하되 재택근무를 선택사항으로 남겨두었다. 하지만 그보다 더 큰 문제는 거래처 중 상당수가 거래를 끊겠다는 통보를 해오기 시작했다는 것이다.

"갑자기 왜 거래를 끊겠다는 건지 납득할 만한 이유를 좀 알려주세요."

고한영 사장의 말에도 거래처 사장들은 속 시원한 대답 대신 회사 사정이 어려워졌다는 식의 말만 되풀이할 뿐이었다. 아무래도 그 배후에는 박 상무가 있는 듯했다. 박 상무는 회사의 거래처 중 일부를 분리해 동종업종의 회사를 설립했고, 단체로 퇴사한 직원들이 모두 그 회사로 옮겼다는 것으로 미루어 짐작할 수 있었다.

고한영 사장이 사업을 시작한 후 찾아온 최대의 위기였

다. 어떻게 뒷수습을 해야 할지 눈앞이 캄캄했다. 무엇보다 거래처 관리가 급선무였다. 박수영 상무와 무더기로 퇴사한 직원들이 관리하던 거래처들의 이탈만큼은 막아야 했다. 거래처를 관리할 직원도 새로 채용해야 했다. 그러나 요즘 같은 시기에 3D업종으로 분류되는 유통업에서 일하려는 사람은 절대적으로 부족했고, 또한 직원이 없다 보니 납품해야 할 물량도 잘 확보되지 않았다. 남아 있는 직원들도 몸과 마음이 지쳐갔고 임시적으로 다른 회사에서 온 경력자들을 뽑아 쓰다 보니 회사의 문화와 충돌하는 일이 발생했다. 그들은 무한유통의 문화를 이해하지 못해 쉽게 그만두거나 무한유통의 시스템에 대한 문제를 제기하기에 이르렀다. 밖으로는 무한유통 브랜드에 치명적인 손상이 가해지고 안으로는 회사의 관리방식에 뭔가 문제가 있다는 것이 기정사실처럼 굳어지고 있었다.

다행히 인건비 30퍼센트 상승을 감내하면서 인사 채용에 총력을 기울인 결과, 아쉬운 대로 직원들을 충원할 수는 있었다. 고한영 사장이 직접 나선 덕분에 가까스로 더 이상의 거래처 이탈도 막아내고 있긴 했다. 하지만 위기 속에서 고한영 사장은 자신을 보좌해 줄 누군가의 도움이 더욱 절실했다. 자신을 확실하게 보필해 줄 전문적인 경영 능력을 갖춘 누군가가······.

그 순간 고한영의 뇌리 속에 팍 꽂히는 이름이 있었다.

'이영달.'

나이는 고한영보다 어리지만 지난번 술자리에서 봤던 것처럼 이영달은 주관이 뚜렷한 인물이었다. 또한 고향이 아닌 광주에서 유통업에 인생의 승부를 걸어보려 한다는 점도 고한영 사장과 비슷했고, 경영 마인드에서도 두 사람은 통하는 점이 많았다. 다만 고한영은 영업 쪽에서만 20년을 일해왔고, 이영달은 미국 MBA 출신으로 경영관리 쪽에 강점이 있다는 면이 달랐다.

생각해 보니 이영달은 박수영 상무의 빈자리를 채우는 것은 물론이고 나아가 그 이상의 역할을 해낼 게 분명했다.

마음을 굳힌 고한영 사장은 비서실을 통해 이영달과의 만남을 추진했다.

며칠 후 자리를 같이한 두 사람은 말 몇 마디 나누는 사이에 이내 서로의 목표를 확인할 수 있었다.

"생각이 비슷한 만큼 서로 도움을 주고받게 되면 이영달 상무님한테나 저한테나 여러모로 힘이 될 일이 많을 것 같습니다."

둘 사이의 이해관계가 명확해지자 일사천리로 의견 조율이 진행되었고, 이영달은 무한유통의 경영기획실장이 되기로 합의했다. 내부관리업무는 철저하게 이영달의 의견에 따른다고 약속한 고 사장은 이로써 오래전부터 염두에 두었던 제주도 지역을 공략하는 데에만 전념할 수 있게 되었다.

동서고금을 막론하고, 회사를 잘 꾸려나가기 위한 바탕은 실력 있는 직원들을 뽑아 그 직원들을 제대로 파악하고 관리하는 데 있는 법이다. 그런데 이영달 기획실장이 경험한 바로는, 지방의 중소기업 직원들을 다루는 일이 대기업 직원 다루는 것보다 훨씬 어려웠다. 대기업은 회사의 브랜드가 있기 때문에 브랜드를 잘 관리하기만 하면 어느 정도 실력 있는 인재들이 앞다퉈 달려들지만, 지방의 중소기업은 사정이 달랐다. 특히나 무한유통 같은 제조유통업은 3D 업종이라는 인식이 있어서 직원 채용도 쉽지 않았고, 어렵게 뽑아도 이직률이 높았다. 그러다 보니 시시때때로 결원이 생겼다. 새로 뽑은 직원이 기존 직원의 일을 로스타임 없이 이어가기 위해서는 경력이 있어야 했는데, 문제는 구매, 배송과 영업업무뿐 아니라 수요예측 등의 여러 업무를 해나가려면 최소 5년 이상의 경력이 필요하다는 점이었다.

결국 숙련된 경력 직원을 뽑을 수 없다면 신입 직원을 뽑아 여유 인력으로 활용하는 수밖에 없었다.

거래처 이탈이다 뭐다 해서 가뜩이나 좋지 않은 상황에서 회사는 추가로 더 많은 인건비를 감내해야 했는데, 그게 끝이 아니었다. 돈이 없으면 직장을 구해 다니다가도 돈이 모이면 쉽게 회사를 그만두는 사람들이 생겨났다. 심지어 정규직보다 아르바이트를 선호하는 사람들의 비율도 늘어나고 있는 실정이었다. 대기업과 중소기업의 임금 격차, 청년들의 수도권 선호로 인한 인력 미스매치는 어제오늘의 일이 아니었다. 저출산과 고령화로 생산가능인구가 감소하는 추세에서는 외국인 근로자만이 인력난을 해결할 수 있는 유일한 대안 같았다. 마음 같아서는 전세기라도 띄워서 한꺼번에 인력을 데려오고 싶은 심정이었다.

채용을 하더라도 교육을 통해 현장에 투입되기까지는 몇 개월이 걸리기 때문에 이영달 기획실장은 결국 좋은 직원을 뽑아 일을 추진하려던 종전 방향을 바꿨다. 어차피 직원들이 제조업에서 일하기 싫어하고 직장에 충성하는 시대가 아니라면 회사도 거기에 맞게 대응해야 한다는 생각이었다.

음식을 하나 만들려면 많은 경험이 필요하지만 요리

에 필요한 레시피만 있으면 속도는 조금 느리겠지만 비숙련 노동자도 쉽게 일을 할 수 있다. 그러니 레시피처럼 업무 메뉴얼을 만드는 게 더 중요했다. 요리 하나를 맡기기보다 재료를 씻는 사람과 써는 사람, 양념 만드는 사람과 이를 순서에 따라 조리하는 사람 등으로 직무를 분류해 분업화하는 편이 효율적일 것이다. 아무리 신입 직원이라도 감자 깎는 일만 한다면 얼마 안 되어 감자 깎는 일에 도사가 될 수 있는 것이었다.

그러면 근무하는 직원이 바뀌더라도 시스템에 의해 원활히 굴러가는 구조를 구축할 수 있을 것이다. 하지만 직원들이 회사 내에서 기계적으로 움직이는 존재로 전락할 가능성 역시 공존했다.

이영달 실장은 자신이 내부관리를 맡은 시점에서 일회성 비용이나 부실을 한꺼번에 회계장부에 반영해서 털어냈다. 일단 부실을 떨어내면 실적은 나빠지지만 그 이후에 실적이 개선되면 자신의 성과가 부각되기 때문이다. 목욕으로 더러운 것을 깨끗하게 한다는 빅 배스Big Bath 전략이었다. 무한유통의 상처를 잘 알고 있던 이영달 실장은 조금씩 대수술을 감행할 준비를 하고 있었다.

"비용 절감 프로젝트를 위한 태스크포스팀(TF팀)"

현재 회사의 상황을 분석한 결과, 이영달 실장은 매출 증대보다 원가 절감의 나사를 죄는 것이 더욱 중요하다는 결론을 내렸다. 매출을 증가시키더라도 판매량 증가와 비례해 원가도 증가하므로 이익 증가액은 적을 수 밖에 없다. 반면에 원가 절감액은 고스란히 회사의 이익으로 남기 때문에 매출액이 정체되더라도 비용을 줄이면 그만큼 이익은 늘어난다. 또한 판매량 증가는 치열한 시장에서 다른 회사와 경쟁을 해서 이뤄야 하는 것이지만, 원가 절감은 회사 내부의 문제이므로 비교적 달성하기가 쉬웠다.

무한유통은 그동안 너무 고속성장을 해온 탓에 이익을 낼 겨를이 없었다. 성장단계에서는 선투자가 이루어지기 때문에 이익을 내기 어렵고, 성숙단계에 들어서야 비용 절감을 통해 이익이 만들어진다는 것을 이영달 실장은 알고 있었다.

우리나라도 과거 고성장하던 시절에는 성장 자체가 이익을 만들어냈지만, 잠재성장률이 크게 하락한 저성장단계에서는 비용 절감을 통해 이익을 만들어내야 했다. 무한유통 또한 과거 10년간 매출액과 이익은 매년 증가했지만 이익률은 계속 줄어들고 있었고, 이는 매출에 비해 비용이 증가하고 있음을 의미했다.

너무 빠른 성장은 위기가 닥쳤을 때 더 깊고 처절한 고통과 절망을 가져올 것이다. 사람들은 미래의 수익을 위해 현재의 손실을 감수해야 한다고 말하지만 현재 이익이 나지 않는 사업을 계속해 봤자 손실만 늘어날 것이라는 게 이영달의 판단이었다. 그렇다면 회사의 성장 속도를 조절하고 현재의 이익을 먼저 높여야 했다. 따라서 수익성을 높이기 위해 먼저 건드려야 할 것은 원가에 대한 분석과 절감이라고 판단한 것이다. 확대성장에서 안정성장으로 체제를 개편해 회사를 새로운 궤도에 진입시킨다는 것이 그의 생각이었다. 현재 회사는 외형에 비해 내실이 없었기 때문이다.

기획실장 직권 명의로 내려진 공문을 본 직원들의 입에서 한숨 소리가 흘러나왔다.

"오자마자 너무 빡세잖아."

"보통내기가 아니야."

그 와중에 홍 대리의 머릿속이 바삐 돌아갔다.

'박 상무 패거리들도 회사를 떠났고, 기획실은 물론 판매부서 자리도 몇 개 공석인 마당에 신임 기획실장이 TF팀을 만든다?'

표면상으로는 두려움이 있었지만 두려움의 크기는 곧 기회의 크기였다. 기회란 오다가도 눈 깜빡할 사이에 사라져 버리는 것이었다. 잘하면 이번 기회에 구매부서를 떠날 수 있을지도 모른다.

대부분 사람들이 명성의 부스러기라도 얻고 싶어 하듯이 홍 대리 또한 어떻게든 돌파구를 찾고 싶었다. TF팀은 로봇에게 일자리를 뺏기지 않고 버티기 위해 홍 대리가 선택한 최소한의 방어벽이기도 했다.

이영달은 이렇게 사람들의 숨은 욕망을 건드리면서 실세로 자리를 잡아가고 있었다. 그는 회사의 절대권자였던 고한영 사장의 영향력에서 벗어나는 한편 기존 직원들의 의심을 사지 않고 회사의 주권자로 군림하기 시작했다.

구조조정에
이용된 회계

"TF팀에서 비용 절감 아이디어를 제출하라는데 어떤 게 좋을까요?"

홍승환 대리의 물음에 같이 점심을 먹던 구매부서 직원들은 투덜거리면서 딴소리를 했다.

"5000원 하던 구내식당 밥값이 7000원으로 한꺼번에 40퍼센트나 오르는 건 좀 심한 거 아니에요?"

"노동조합에서 운영하는 식당 밥값이 외부업체 식당보다 비싸요."

"요즘은 밥값이 제일 아까워요. 용돈에서 식비가 제일 많이 나간다니까요."

"노조에서도 물가상승 때문에 인상이 불가피하다는 입

장이에요. 음식 판매가 대비 원가 비율이 60퍼센트에 달하는데 코로나19로 다른 쪽 수익이 줄어 식대를 올리지 않고서는 버티기 힘들거든요."

노조에 가입되어 있는 직원이 입장을 이해해 달라는 듯 답했다.

"업체에서 혼자 운영비용을 감당하기 때문에 식대가 인상될 수밖에 없어요. 얼마나 힘들면 아파트 단지까지 식음료 서비스 진출을 하겠어요."

"그러면 회사측에서 재정을 지원해 줘야 하는 거 아니에요?"

"TF팀에 말해서 식당 밥값 절감이나 해주면 좋겠어요."

"다음에는 요 옆에 도서관 구내식당에 가볼래요? 오므라이스가 5000원이래요."

한창 밥값 문제로 이야기하는 그때 김미혜 사원이 슬쩍 수저를 내려놓았다.

"왜 더 먹지 않고?"

유만식 부장의 말에 김미혜 사원은 손을 내저었다.

"별로 배가 안 고프네요."

"아까 노조집행부에서 나눠준 떡을 너무 많이 먹었나 봐요."

그때 양 과장이 묘안이라도 떠오른 듯 외쳤다.

"맞다! 우리 모두 점심 때 반찬을 먹을 만큼만 덜어가고 밥도 알맞게 퍼 가면, 그럼 비용 절감 되겠네! 아예 식당 식기부터 작은 사이즈로 바꾸면 어때요? 국그릇 크기만 줄여도 나트륨 섭취가 엄청나게 준다던데⋯⋯."

"일본사람들은 딱 먹을 만큼만 덜어서 먹는 절약 습관이 몸에 배어 있다는데 우리나라 사람들은 푸짐하게 먹고도 음식이 남아야 잘 먹었다고 생각하는 습관이 있지. 자네들도 이번 기회에 소식하는 습관을 들이는 게 어때?"

유 부장의 대꾸에 머쓱한 표정을 짓던 양 과장은 슬쩍 화제를 돌리듯 승환을 쳐다보며 물었다.

"노조 쪽에서 창립기념일이라고 사장님이랑 담판을 짓겠다는 얘기가 들리던데⋯⋯. 혹시 경영기획실장이 TF팀에서 노조에 대해 뭐라고 한 말 없었나?"

"글쎄요. 아직까진 별말씀 없으셨던 거 같은데, 실은 기획실장님이 원체 이것저것 말을 많이 하시다 보니까 나중엔 무슨 말을 하셨는지도 오락가락해서요."

승환의 대답에 쯧쯧 혀를 차던 양 과장이 어딘가를 보고는 금세 표정이 달라졌다.

"홍 대리 말이 맞나 보네."

양 과장의 시선을 따라가 봤더니, 저만치 구내식당 창가 테이블에서 직원들과 함께 식사를 하는 이영달 경영기획실장이 보였다. 무슨 이야기를 하는지 쉴 새 없이 얘기를 늘어놓고 있었고, 동석한 직원들은 잔뜩 긴장한 얼굴로 묵묵히 듣고만 있는 중이었다.

"직원들과의 소통을 통해 현장경영을 수행하고 싶으시다더니…… 좀 과해 보이죠?"

홍 대리의 말에 김미혜 사원이 맞장구쳤다.

"좀이 아니라 많이 과하신 거 같은데요."

그게 문제였다. 현장경영을 위해 끊임없이 직원들과 소통하려는 이영달의 노력은 오히려 역효과를 내고 있었다. 단합대회에도 빠지지 않고 참석했고 구내식당에서 점심을 먹으며 직원들과의 대화를 시도했지만, 결국엔 이영달 실장의 일방적인 연설에 직원들은 그저 고개만 끄덕이는 인형이 되어가고 있었다.

고심 끝에 이영달 실장은 시간이 필요하다는 결론을 내렸다. 시간을 갖고 꾸준히 노력한다면 직원들의 의식 개혁도 이뤄질 것이고, 낭비 없이 효율적으로 열심히 일하자는 분위기도 자연스레 창출될 것이라고 전망했다.

물론 여기에도 변수와 장애는 있었다. 생산성 향상을

위해 구조조정이 절실한 이 시점에서 가장 문제가 되고 있는 건 노조였다.

"회사의 유연성을 높이는 일에서 가장 우선시해야 할 부분은 유형자산 쪽입니다. 고정비를 발생시키는 유형자산 중에서도 특히 감가상각비가 차지하는 비용이 상당한 만큼 고정비를 변동비로 바꾸는 전략이 필요한데, 지금 시점에선 건물과 설비를 매각한 후 다시 임대하는 방식을 채택하는 게 비용을 획기적으로 줄이는 견인차 역할을 할 것입니다."

이익과 성과만을 위해 의도된 경영기획실장의 기획안은 노조 측의 거센 반발을 불러왔다.

"설비를 매각하면 바로 그 후엔 직원들 목을 자르겠네요. 이거야말로 노조의 존립 기반을 흔드는 일이 아니고 뭡니까? 사실 회사에서는 분명 이익을 내고 있는데 끝도 없는 욕심 때문에 노동자들을 압박하고 있는 것 아닙니까?"

노조 창립기념일을 맞아 노조는 더욱 목소리를 높이고 있었다. 회사가 망하면 직원들도 살 수가 없게 되니, 함께 회사를 살릴 방법을 강구해야 했다. 그러나 구조조정이나 임금은 노조에게 숫자의 문제가 아니라 생존의 문제였다. 그야말로 진퇴양난이었다. 이러한 굴레가 무한유통의 상황을 더욱 어렵게 하고 있었다.

무한유통은 회사 창립 후 한때 매출액의 4.4퍼센트에 해당되는 145억 원의 이익을 내는 고속성장을 이루어냈다. 이를 가능하게 했던 요인은 정부지원과 아울러 저임금을 바탕으로 한 대량생산에 의한 가격 경쟁력이었다. 그런데 생산근로자들은 경제성장 속도에 비해 살림살이는 더욱 팍팍해진다는 것을 근거로 큰 폭의 임금인상을 요구해오기 시작했다. 그런데 임금 문제에 대해 노사갈등이 생기면 사측에서는 기본급은 그대로 두고 즉흥적으로 수당을 신설해 급한 불만 꺼왔던 것이다. 기본급은 퇴직금이나 각종 수당 계산의 기준이 되는 것이어서 기본급을 올리는 것은 다른 비용도 함께 상승시키기 때문에 땜질식으로 각종 수당을 만들었고, 결국 누더기 임금체계가 되어 더욱 복잡해져 버린 것이다. 노동자들도 수당이 각종 비과세소득으로 분류되어 절세 효과가 있어 실질소득이 올랐으니 보고만 있던 것이다. 기본급은 그대로 두고 수당으로 보전하는 관행은 노사의 합작품이라 할 수 있었다. 게다가 무한유통의 전 사장은 노조 측이 요구하는 임금인상을 약속만 하고 수년째 지키지 않았는데, 이 사실을 전혀 모른 채 고한영 사장이 회사를 인수했던 것이다.

"30퍼센트 가까이 임금을 인상해 달라는 건 회사 상황을 무시한 지나친 요구죠."

이영달의 지적에도 노조 대표는 전혀 동요하는 기색이 없었다.

"그동안은 경영진의 번지르르한 말에 넘어갔으나, 이제 더 이상 양보는 없습니다. 박용철 사장님은 분명 그동안 미뤄왔던 임금인상을 올해는 반드시 해주겠다고 약속했습니다. 비교하는 건 아니지만 대기업 월급을 보면 한숨이 나옵니다. 지난 명절 때도 딸랑 참치캔 선물세트 하나 받았습니다. 대기업처럼 수천만 원의 성과급을 요구하는 것도 아니고, 일한 만큼 최소한의 대우를 해달라는 것이 무리한 요구는 아니라고 생각합니다……."

지난 몇 년간 임금인상이 받아들여지지 않았기에 노조 측의 분노는 상당했다.

"하지만 그건 전 사장님의 약속이죠. 회사를 인수할 때 난 박용철 사장한테 그런 말은 들은 적이 없습니다."

고한영 사장은 예상치 못한 일에 당황스러웠다.

"저희 노조는 수년째 임금인상을 요구했고, 올해에야 드디어 그 요구가 받아들여지는 줄 알고 있었습니다. 사장님께서 요구를 들어주시지 않는다면 파업에 들어갈 수밖에 없습니다."

노조는 완강한 입장이었다. 이미 협상은 물 건너간 것이나 다름없었다.

"요리사가 포만감을 느끼면 게을러지게 됩니다. 배고픈 상태로 일을 할 때 오감이 예민해져서 맛있는 음식을 만들어낼 수 있는 법이지요. 노조 측이 주장하는 임금인상안은 직접노무비를 42억 원이나 증가시키는 것이며, 이익 수준을 39퍼센트 정도 격감시키는 매우 심각한 요구입니다. 원가가 올라가는 만큼 가격을 올리면 문제가 없겠지만, 우리 같은 중소 납품업체는 그럴 수 있는 상황이 아니죠. 대형 유통업체에선 툭하면 가격할인을 요구하는데, 비용 절감은 못할 망정 이렇게 높은 수준으로 임금을 인상하게 되면 회사는 곧 문을 닫게 될 겁니다."

임금을 정하는 것은 자신이 아니니 좋으면 일하고 싫으면 떠나라는 듯이 이영달 실장은 강한 어조로 말했다. 오늘은 사장까지 참석한 만큼 이영달은 직원들을 설득하는 동시에 전문경영인으로서의 면모를 보여주고 싶었다. 그에게는 직원들에게 잘해줘 봤자 고마운 줄 모르기 때문에 잘해줄 필요가 없다는 생각이 있었다. '워라밸'과 연봉을 중요하게 생각하는 MZ세대들은 높은 경쟁률을 뚫고 들어오더라도 미련없이 이직과 퇴사로 회사를 떠나버리곤 했다. 어차피 일을 해야 하는 상황이라면 복지 혜택 좋고 연봉 많이 주는 직장으로 가는 것이 당연하다는 인식이 퍼지며 대★퇴사의 시대를 향해 가고 있었다. 그러나 이직도 할 수 있을 때 해야 한다는 MZ세대들, 특히 연봉을 낮춰가면서도 이직을 하는 젊은이들의 생각을 이영달 실장은 도저히 이해할 수 없었다.

"이런 상황에서 대기업들이 인재를 다 쓸어가 버리면 중소기업은 사람이 빠져나가 추가 부담에 시달릴 수밖에 없습니다. 그러니 아웃소싱이 필연적인 결과죠."

이영달 실장의 목소리는 감정을 배제한 듯 한없이 차가웠다.

자신이 설비 매각을 고려하고 있다는 사실을 노조 측을 통해 전해 들은 생산1본부 박인영 부장이 자리했다는 게 신경이 쓰이긴 했지만, 어차피 박인영 부장은 언제고 부딪쳐야 할 인물이니 이참에 자신의 주장을 확실히 밝혀야겠다 싫었다.

노조의 반발은 통상임금 문제와도 연결되어 있었고, 정기상여금을 통상임금에 포함시켜야 한다는 대법원의 판결은 회사의 부담을 더욱 가중시켰다. 수당은 결국 성과급이므로 기본급과 성과급으로 단순하게 임금시스템을 마련하여 임금체계를 단순화할 필요가 있었다. 임금은 결국 직원이 생산하는 가치에 비례해서 지급해야 하는 것이므로 생산성과 비례하는 성과급시스템이 정착되어야 했다. 임금을 절대적인 금액이 아닌 회사가 창출하는 부가가치와 비례하게 만든다면 서로가 가지고 있는 불만을 해결할 수 있을 터였다.

결국 장기적인 안목으로 서로 한건음씩 양보해 가치창출과 인건비를 연결시키는 임금시스템을 만들어야 하지만, 무한유통에게 이런 방식은 요원해 보였다.

"노조 측이 이렇게 무리한 요구를 계속한다면 회사는 더 큰 위기 상황을 막기 위해 아웃소싱을 검토할 수밖에 없습니다."

이영달 실장은 노조 측과 임금협상이 결렬되자 그렇잖아도 비용 절감 방안으로 검토해 오던 아웃소싱을 카드로 내밀며 머릿속으로 손익을 분석했다.

"지금 여러분이 보고 있는 보고서에 나와 있듯이, 현재 회사에서 생산하고 있는 제품과 관련된 원가를 분석해 보니 한 개당 원가가 800원이었습니다. 그런데 만약 이 제품을 외주 가공업체를 통해 생산한다면 원가가 700원 정도까지 떨어질 수 있습니다."

제품의 개당 원가가 800원으로 산정된 근거는 회계부서 직원이 기록한, 원가계산 이론을 충실하게 따른 원가보고서에 나와 있었다. 원가를 구성하는 3가지 요소는 재료비, 노무비, 제조경비이다. 재료비는 제조업이나 건설업 등에서 생산에 사용된 원재료 금액이다. 노무비는 제품 생산과 관련된 사람들의 인건비이고, 제조경비는 재료비와 노무비 이외에 제품 생산과 관련된 경비를 말한다. 생산현장의 수도광열비, 공장 건물이나 기계장치의 감가상각비, 외주가공비 등이 제조경비에 해당한다. 이러한 재료비와 노무비, 제조경비를 모두 합한 총제조원가를 생산량으로 나누면 단위당 원가가 계산된다.

사람들은 흔히 재료비만 원가로 생각하는 경우가 있다. 카페에서 파는 커피 한 잔에 들어가는 원두값은 기껏해야 몇백 원인데 커피값이 너무 비싸다는 말이 대표적인 오해라고 볼 수 있다. 사실 카페는 커피가 아니라 공간을 파는 사업으로 보아야 한다. 실제로 재료비보다 인건비와 임차료 같은 제조경비 비중이 높아서 떼돈을 벌 것 같은 물장사도 마진율은 10퍼센트 정도라는 것을 알 수 있다. 그래서 회사들마다 키오스크(무인단말기)를 이용해 인건비를 절약하고 빚을 내서라도 자가 건물을 매입하여 부동산 시세차익을 노리는 경우가 많았다. 이처럼 원가의 구성요소는 그 회사 업의 본질을 파악하거나 사업전략까지 바꾸기도 하는 것이다. 마찬가지로 물건을 만드는 회사는 제조원가에 가장 많은 돈이 들어가야 한다. 만약 제조업에서 원가보다 판매비와 관리비로 더 많은 돈이 들어간다면 유통구조에 문제가 있다는 의미이다. 제조업은 제조에 들어가는 돈이 많아야 소비자에게 유리한 것이다.

단위당 원가계산은 모든 원가계산의 기초 작업이다. 단위당 원가에 판매수량을 곱하면 매출원가가 나오고 재고수량을 곱하면 재고자산 금액이 나온다. 생산량이 늘어날수록 단위당 원가는 줄어들기 때문에 대부분 회사들은 대량생산을 선호한다. 그러나 이는 판매량이 늘어날 때에는 좋지만 판매량이 줄어들면 오히려 대량생산을 위해 투자한 시설투자 등 고정비가 목을 죄어올 수 있다.

팀원들은 조사라도 나온 듯 원가보고서와 재무제표를

대조해 가며 확인하고는 문제가 없다는 듯이 고개를 끄덕였다.

보고서에 따르면 결국 지금의 생산성 수준으로는 외주가공을 하는 편이 수익 면에서 훨씬 유리했다. 이 보고서의 목적은 노조의 임금상승 요구를 무마시키려는 것이었다. 원가에 예민한 기업들은 기계나 노동을 구입하기보다는 노동을 다른 것으로 대체하려 했다.

아웃소싱이라는 말에 박인영 부장과 생산부 직원의 얼굴이 굳어졌지만, 이영달 실장은 아랑곳하지 않고 자신의 주장을 이어갔다.

"자신의 방법이 아니라 최선의 방법을 찾는 데 관심을 두어야 합니다. 현실적으로 아웃소싱은 더 많은 수익을 가져다줄 수 있습니다. 이를테면, 외부에서 제품을 생산하게 되면서 안 쓰게 된 기존의 생산설비를 임대할 수도 있고, 그 생산설비를 가지고 다른 제품을 생산할 수도 있으니 임대수익이나 그 외의 추가수익을 얻을 수도 있는 겁니다."

고한영 사장은 이영달의 주장에 고개를 끄덕이며 공감을 표했다. 제주도로 진출하려면 추가적인 설비가 필요한데, 아웃소싱을 통해 안 쓰게 된 기존 설비를 제주도 사업에 이용할 수 있다면 더할 나위 없이 좋을 거라 생각했기 때문이었다.

그때 박인영 생산부장이 시뻘게진 얼굴로 따지듯이 말했다.

"지금 원가가 높은 것은 임금의 문제가 아니라 설비의 문제입니다. 현재 사용하고 있는 설비는 노후돼서 자주 공장 라인이 멈추고, 그 때문에 생산성도 떨어지고 불량률도 높은 겁니다. 노후 설비를 교체하면 원가경쟁력을 높일 수 있는데 왜 문제의 원인을 임금 탓으로 돌리려고 하는지 이해할 수 없습니다."

노후 설비를 교체해야 한다는 말에 고한영 사장의 눈가에 깊은 골이 생겼다. 원가관리를 할 수밖에 없는 것은 아직도 현장 속에 많은 비효율적 생산구조의 잔영들이 남아 있기 때문이었다. 설비 교체를 요청하는 박인영 부장의 시선을 애써 피하면서 고한영 사장이 입을 열었다.

"경영기획실장의 의견에 동의합니다. 지금껏 나름 열심히 해왔다고만 생각했는데 보고서를 보니 주먹구구식으로 사업을 해왔다는 생각이 드는군요."

사장이 이영달 실장에게 힘을 실어주자, 가뜩이나 아웃소싱이란 말에 거부감을 느끼고 있던 사람들의 표정이 더욱 굳어졌다.

그러나 이영달 실장이 아웃소싱의 근거로 제시한 원가분석보고서에는 직원들이 모르는 사항이 있었다. 회사에서 자체생산을 하든 아웃소싱을 하든, 현재 무한유통이 보유한 설비에 대한 감가상각비나 인력에 드는 비용은 변함없이 발생한다는 점이었다.

결국 엄밀히 따져, 현재 보유하고 있는 설비로 자체생산을 할 때 추가로 들어가는 비용은 고정비를 제외한 변동비, 즉 재료비와 노무비인 650원이라고 할 수 있다. 그러니 외주가공업체에서 요구한 700원은 자체생산할 때 추가되는 단위당 변동비인 650원보다도 50원이 비싼 것이다.

원가를 기초로 의사결정을 하려면 먼저 관련원가와 비관련원가를 구분할 수 있어야 한다. 관련원가는 의사결정할 때 반드시 고려되어야만 하는 원가를 뜻하는데, 여러 대안 중 특정 대안을 선택함으로써 포기하게 되는 기회원가는 의사결정에 반영해야 하므로 관련원가이다.

반면 비관련원가는 의사결정에 전혀 영향을 주지 않는 원가로 이미 과거에 발생한 매몰원가 등이 해당된다. 매몰원가의 오류에 빠지지 않으려면 현재에 집중해야 하지만, 사람들은 과거에 투자한 돈이 아까워서 매몰원가를 잊지 못해 잘못된 의사결정을 하고 만다. 투자한 돈이 클수록 그

것의 가치를 높게 매겨 투자한 노력을 정당화하지만, 매몰원가는 미래에 수익을 가져다주지 못하기 때문에 고려할 원가가 아니다.

변동비는 생산량에 비례하여 발생하는 원가로서 관련원가에 포함되는데 제조업의 재료비, 유통업이나 소매업의 상품 매입원가를 들 수 있다. 한편 고정비는 생산량에 관계없이 일정하게 발생하는 원가로, 고정시설의 감가상각비, 임차료 등이 해당된다.

일반적으로 제품과 관련된 의사결정에서는 제품 생산량에 따라 변동하는 변동비는 관련원가, 제품 생산과 관련 없이 고정적으로 발생하는 고정비는 비관련원가가 되는 셈이다.

결론적으로, 자체생산과 외주가공 중 어느 쪽이 더 경비를 절감할 수 있는지는 직접생산에 따른 변동비와 외주가공비를 비교해 판단하는 것이 옳았다.

하지만 이영달 실장은 이 사실을 이야기하지 않았다. 아웃소싱을 꺼리는 생산부서와 노조의 반발이 우려되기도 했고, 기존 설비는 임대하거나 다른 제품 생산에 활용할 수 있으니 문제될 게 없다고 생각했기 때문이다.

TF팀 팀원들은 평소와 다름없이 침묵을 지켰다. 다만

이번 침묵은 지난번 회의 때보다 훨씬 무거웠다. 박인영 생산부장과 생산부 직원들은 특히나 난감해하는 기색이 역력했다.

그 모습을 보고 있는 홍 대리는 마음이 불편해졌다. 좀 더 자신을 내던질 만한 일을 하고 싶어서 TF팀에 지원한 것이지 지금처럼 일방적으로 기획실장의 얘기를 들으려고 이 자리에 앉아 있는 것은 아니었다.

홍 대리는 손을 번쩍 들고 머릿속에서만 맴돌던 말을 하기 시작했다.

"아무리 비용 절감 효과가 있더라도 지금 당장 아웃소싱으로 돌리기는 어렵지 않을까요? 노조에서는 임금인상을 요구하고 있는데, 여기에다 아웃소싱으로 돌리겠다고 하면 파업까지 몰고 올 수 있을 것 같은데요."

하지만 이영달 기획실장은 그 점에 대해서도 이미 양보할 수 없다는 듯 확고하게 자신의 주장을 내세웠다.

"단기적으로는 노조 측의 임금인상 요구를 피할 순 없겠죠. 하지만 인재 유출을 막기 위해 경쟁적으로 임금인상을 하다 보면 회사는 문을 닫게 됩니다. 소나무가 늘 푸른 건 뾰족한 잎이 넓은 잎의 활엽수보다 수분 소모가 적기 때문입니다. 늘 푸른 기업을 유지하려면 에너지 소모를 줄여야 한다는 말입니다. 최근 대기업들도 수익성을 극대화하기 위해 불필요한 투자를 줄이고 대대적인 원가 절감 노력을 하고 있습니다. 우리 회사도 불필요한 업무는 아웃소싱으로 돌리고 핵심 업무에 집중해야 합니다."

이영달 실장은 노조의 임금인상 요구를 언급하는가 싶더니 어느 틈에 다시 아웃소싱의 필요성을 역설했다.

"특히 MZ세대들은 직장을 잠시 거쳐가는 월급통장처럼 생각하는 경우가 많아서, 대규모 이탈이 발생할 수도 있습니다. 이런 가능성은 제품 생산에 불확실한 요소로 작용할 거고요. 직원들이 그만두는 것을 막을 순 없기 때문에 아웃소싱으로 대비해야 합니다. 또 인건비는 비수기에도 고정적으로 지출되지만 아웃소싱을 할 경우 일한 만큼만 비용을 지출하면 되는 이점도 있죠."

박인영 부장은 불필요한 업무라는 말이 목에 걸린 가시처럼 따갑게 느껴졌다.

"단순히 비용 절감만을 생각하면 안 됩니다. 아웃소싱의 가장 큰 문제는 필요한 물건을 원하는 때 제대로 공급받을 수 있는가에 있습니다. 비용 좀 줄이려다가 나중에 물량이 모자라거나 아웃소싱 업체가 망하기라도 하면 다시 업체를 알아보는 데 많은 시간과 비용이 들어갈 겁니다. 그리고 외주가공을 할 때 우리가 원하는 수준의 품질과 규격을 갖춘 제품을 생산할지 확신할 수도 없지 않습니까?"

"그 문제는 수준 높은 아웃소싱업체를 선정하면 해결될 문제입니다. 안 될 거라고 섣부르게 판단하기보다는 무엇이 회사 전체에 이익이 되는지부터 생각해야죠."

이영달 실장은 노조의 파업 앞에 무릎을 꿇는 것이 습관성 파업을 가져온다고 믿는 사람이었기에 물러서지 않고 자신의 주장을 관철시키려 했다.

이번 사건을 자신에게 이익이 되는 방향으로 써먹을 방법을 찾고자 골머리를 앓는 사람들이 꽤 있었다.

고한영 사장과 이영달 실장은 아웃소싱을 현재의 위기 상황을 타개할 해결책이라 여겼고, 공중택 판매부장은 박인영 생산부장을 몰아낼 기회로 여기고 있었다.

작년에 공 부장이 거래처로부터 접대를 받은 정황을 파악한 박 부장이 이 사실을 노조에 알리는 바람에 공 부장은 3개월 감봉 문책을 받았었다. 그날 이후 공 부장은 시시때때로 박 부장을 물 먹일 기회를 엿보고 있었다.

그러던 차에 TF팀에 소속된 판매부서 직원을 통해 이영달 기획실장이 아웃소싱 이야기를 꺼내 들었다는 사실을 알게 된 것이다. 공 부장은 이번 아웃소싱이 박 부장을 몰아내는 것은 물론이고 회사 실세인 이영달 실장의 라인에 서게 될 좋은 기회라 여기고 있었다.

이영달 기획실장이 발표했다는 원가분석보고서를 면밀히 살펴본 공중택 부장은 작정하고 기획실장실을 찾아갔다.

"실장님께서 어제 TF팀에서 발표하셨다는 원가분석보고서 말입니다."

이영달 실장이 전문경영인으로 처음 무한유통에 들어왔을 때, 공 부장은 자신보다 나이 어린 상사를 모시게 된 게 불만이었는지 그다지 호의적이지 않았다. 그랬던 공 부장이 느닷없이 찾아와 친근한 척하는 모습이 이영달 실장 눈에 좋아 보일 리 없었다.

"무슨 문제라도 있나요?"

이영달 실장은 일단 경계하는 눈빛으로 공 부장을 쳐다보았다.

"문제라니요. 아닙니다. 오히려 지난 보고를 통해 실장님께 한 수 배웠습니다. 그런데 제가 워낙 회계 지식이 없어서 무슨 말인지 못 알아듣는 게 반이더라고요."

이영달 실장은 공 부장이 예의를 차리면서 보고서에 관

심을 보이자 그제야 슬쩍 경계의 빗장을 풀었다. 서로를 신뢰해서가 아니라 늑대를 막기 위해 개와 고양이가 손을 잡듯, 주변의 세력이 커지는 것을 견제하고 자신의 입지를 공고히 하기 위해 서로를 이용하려는 심산이었다.

"원가분석보고서를 살펴보니 시스템에 변화를 주면 지출이 많이 줄겠다는 생각이 듭니다."

"시스템의 변화라니요? 구조조정을 말씀하시는 건가요?"

"구조조정이 아니라 아웃소싱입니다."

"아…… 그러니까 쉽게 말하면 퇴학이 아니라 전학을 보낸다는 거죠?"

이영달 실장이 입꼬리를 올리며 말했다.

"비유가 적절하군요. 지금은 지출을 줄여야 하니까요."

"사실 저도 진작부터 외주로 돌리는 게 생산성 측면에서 낫겠다고 생각해 왔거든요. 그런데 실장님이 저와 똑같은 생각을 하고 계시더군요."

아웃소싱에 찬성한다는 공 부장의 얘기에 이 실장은 비로소 편하게 대화할 마음이 생겼다.

"지금 같은 저성장시대에 매출 감소보다 더 무서운 건 매출은 감소하는데도 비용은 줄지 않는 겁니다. 게다가 최

저임금이 급격히 증가하게 되어 인건비를 감당하기 어려운 상황입니다. 매출과 비용이 비례해서 변동되어야 경기에 상관없이 이익을 낼 수 있는데 생산설비를 모두 우리가 보유하고 직접생산만 고집하면 고정비 부담이 커서 위기가 오는 겁니다. 앞으로 만들어지는 제품은 부품이 덜 들어가도록 친환경적으로 설계되는 추세고 생산공정도 단순화될 것입니다. AI 도입으로 인력도 많이 필요하지 않아서 신규 인원의 충원성을 느끼지 못하고 있습니다. 그런데 노조는 툭하면 파업에 임금인상을 요구하고 정년 연장에 퇴직자 인원에 맞는 신규 인원을 충원해 달라고 하는 통에 오죽하면 기생충 아니냐는 말까지 나오고 있습니다. 자신들의 자리를 확보하기 위해 국내 공장 신설까지 요구하고 있죠. 이걸 해결하는 것이 아웃소싱인데 문제는 노조를 어떻게 설득할 거냐는 겁니다. 지금 노조는 투쟁을 해서라도 요구안을 쟁취하겠다고 하니 말입니다."

"노조원 비중이 전 직원의 4퍼센트에 불과한 상황에서 노조가 나머지 96퍼센트를 대변한다고 할 수도 없습니다."

"그래서 비조합원들이 위원으로 참여한 노사협의회를 통해서 임금협상을 해왔던 것인데 노조가 노사협의회 위원 선출 절차의 적법성에 문제를 제기하고 있습니다."

"회사에 유리한 후보들로 짬짬이 근로자 위원을 선출했다고 하더군요."

"생산부서 스스로 아웃소싱을 하게 만드는 것이 가장 좋은 방법이긴 한데, 현실적으론 그게 참 힘드니까요."

"원하는 것을 얻기 위해 꼭 싸워야 하는 것은 아닙니다. 불안감을 조성하는 것만으로도 원하는 걸 얻을 수 있죠."

고개를 갸우뚱하는 공중택 부장을 보며 이영달 실장이 설명을 이어갔다.

"그러니까 아웃소싱을 할 수밖에 없는 환경을 만들자는 것인가요?"

"그렇습니다."

공 부장은 고개를 끄덕였다.

"그래요. 아웃소싱을 하지 않으면 불이익을 받고 아웃소싱을 하게 되면 이득을 얻는 시스템이 있다면 생산부서 스스로도 아웃소싱을 선택할 수밖에 없겠죠. 우린 먹이를 두고 유인하면서 가만히 기다리기만 하면 되는 겁니다."

이영달 실장은 계략이라도 꾸미는 것처럼 눈을 가늘게 뜨고 혼잣말하듯 중얼거렸다.

이제 아웃소싱을 하지 않으면 받게 될 불이익으로 무엇을 선택할지를 정해야 했다. 인사나 급여상의 불이익이 가장 강력하긴 한데 대놓고 그런 불이익을 주는 것은 너무 노골적이었다. 관건은 너무 노골적이지 않으면서도 사람들이 납득할 만한 평가 기준을 만드는 데 있었다.

이 실장이 공 부장에게 물었다.

"자체생산과 아웃소싱에서 가장 차이가 발생하는 부분이 뭔지 아십니까?"

공중택 부장은 한 치의 망설임도 없이 대답했다.

"직원이겠지요."

"맞습니다. 직원입니다. 직원이 있다면 그 직원이 일하는 노동시간이 발생하고, 그에 대해 회사는 임금을 줘야 합니다."

공 부장은 이영달 실장의 얘기에 귀를 쫑긋 세우고 경청했다.

"그런데 임금으로 나가는 비용 가운데 공통비라는 게 있다는 거 아시죠?"

"공통비요?"

공중택 부장의 얼굴에는 당황한 표정이 역력했다.

답답하다는 듯이 공 부장을 바라보던 이영달 실장이 설명을 해나갔다.

"재료비와 노무비처럼 각 제품별로 직접 발생하는 비

용은 어디에 얼마가 들어갔는지 명확히 파악이 됩니다. 하지만 전기료나 수도료, 기타 공과금 같은 제조경비는 어느 제품에 얼마가 비용으로 지출됐는지 정확히 계산하기가 힘듭니다. 이런 비용이 공통비인 거죠."

이영달 실장은 정확히 원가계산의 핵심을 찔렀다. 제품별로 추적이 가능한 원가는 제품별로 집계만 하면 계산이 되지만 공통원가는 그럴 수 없다. 여러 제품을 생산하는 데 공통으로 사용된 원가이기 때문에 제품별로 배부하는 데 어려움이 있는 것이다.

"그런데 공통비를 어떤 기준으로 배부하는지 알고 계십니까?"

"부서별로 성과평가를 할 때 부서별 이익을 기준으로 계산하니까 공통비도 분명 어떤 기준으로 배분이 될 것 같은데⋯⋯."

공 부장의 목소리가 모깃소리마냥 기어들어 가고 있었다.

"판매량 기준입니다."

이영달 실장의 말에 공 부장은 눈치껏 맞장구를 쳤다.

"아, 판매량! 저도 방금 그걸 생각했는데⋯⋯."

"하지만 판매량을 기준으로 하는 방식은 옛날엔 꽤 정

확했어도 지금은 다릅니다. 물론 매출량이 많을수록 설비도 많이 쓰고 직원도 그만큼 많이 들어가는 게 일반적이긴 하지만, 모든 비용이 판매량과 비례하는 건 아니니까요."

한껏 맞장구를 쳤던 공중택 부장은 진땀이 나기 시작했다. 그런 공 부장을 보며 이영달 실장은 직원들이 얼마나 공통비에 대해 관심도 없고 아는 것도 없는지를 금방 깨달을 수 있었다.

TF팀도 마찬가지였다. 비용 절감 프로젝트를 진행할 목적으로 만들었건만 TF팀 소속 직원들은 비용 절감액을 기준으로 성과평가를 해야 한다는 데 동의하면서도 한 번도 공통비 문제를 제기하지 않았다. 즉 누구도 공통비에 관심을 두지 않았다. 그것은 곧, 이쪽에서 공통비를 무기로 삼으면 아무도 반격할 수 없을 것이라는 의미였다.

결심이 선 얼굴로 이영달 실장이 또박또박 말했다.

"이제부터는 그 공통비를 노동시간 기준으로 배분할 겁니다."

"노동시간 기준이요?"

공중택 부장은 이해하기 어렵다는 듯이 눈만 끔뻑거렸다.

"아웃소싱을 하는 이유가 뭡니까? 비용이 많이 발생하

기 때문에 비용을 좀 더 줄여보자고 하는 거 아닙니까?"

"그렇죠."

공 부장은 잔뜩 주눅이 들어 이 실장의 이야기를 잠자코 듣고만 있었다.

"그런데 노동시간을 기준으로 공통비를 배분하면 원가 절감을 위해 노동시간을 줄이려고 시도할 테고, 그것도 여의치 않으면 결국 아웃소싱을 인정할 수밖엔 없는 거죠."

공 부장은 여전히 아리송하다는 표정으로 조심스레 입을 뗐다.

"공통비를 노동시간 기준으로 배부하는 것과 아웃소싱이 활발해지는 것이 정확히 어떤 상관이 있는 건지 잘 모르겠는데요."

"생각해 보십시오. 인팩과 뉴인팩을 각각 1만 개씩 생산하는 데 드는 공통비가 5억 원이라고 칩시다. 이때 공통비 배분을 생산된 제품 수량을 기준으로 한다면, 인팩사업부와 뉴인팩사업부에 배부될 공통비는 각각 얼마가 되겠습니까?"

"그야 2억 5000만 원씩 들어가겠지요."

공 부장이 냉큼 대답했다.

"맞습니다. 하지만 제품 생산량이 아닌 노동시간 기준

으로 공통비를 배분한다면 사정은 달라지죠. 즉, 인팩은 자체적으로 만들고 뉴인팩은 외주가공을 준다면 노동시간은 인팩이 훨씬 클 테니 그만큼 잡아먹는 공통비도 훨씬 크고, 더 나아가 인팩 같은 제품을 생산하는 부서는 비용만 축내는 부서가 되는 거 아닙니까?"

마침내 공 부장은 이영달 실장의 속내를 간파할 수 있었다. 결국 노동시간을 기준으로 공통비를 배분하게 되면 자가제조하는 사업부는 회사에 비용을 많이 발생시키는 부서가 되고 손익분기점, 즉 이익을 내기 시작하는 시점이 높아질 수밖에 없다. 뿌린 것보다 많이 거두는 것이 사업이고, 비용이 많이 발생하면 그만큼 투자금을 회수하는 데 시간이 오래 걸린다. 그러니 그 부서가 만드는 제품은 외주가공으로 돌릴 수밖에 없다는 결론이 나온다.

베이징에서 나비가 날갯짓을 하면 뉴욕에 폭풍이 몰아친다는 카오스 이론처럼 공통비 배분 기준은 한 마리 나비의 날갯짓이 되어 회사에 거대한 폭풍을 일으킬 것을 예고하고 있었다. 원가 배분은 생산부서를 지배하고 재구성하며 억압하기 위한 이영달의 방식이었다.

원가전문가라면 공통비를 노동시간이나 기계시간으로 배부하는 방법에 문제가 있음을 알았을 것이다. 최근에는 노무비나 공장제조경비가 총제조원가에서 차지하는 비중이 줄어들었기 때문에 노동시간을 기준으로 배분하는 것에도 문제가 있기 때문이다.

그래서 생긴 것이 제품의 생산활동을 분석하여 활동을 기준으로 공통비를 배부하는 '활동기준 원가계산'이다. 즉, 원가가 발생한 원가동인이 되는 활동에 초점을 맞춰 더욱 정확한 원가를 계산하려는 방식이다. 가령 포장비는 포장활동의 원가동인인 포장 횟수라는 기준으로 배분하는 것이 가장 합리적이다.

유명 대학에서 MBA 코스를 이수한 이영달 실장이 이를 모를 리 없었지만 활동기준 원가계산 같은 최신 이론을 거들먹거리며 공 부장과 이야기할 이유도 없었다. 이영달 실장의 목적은 정확한 원가계산을 하는 것이 아니었다. 그렇기에 다른 직원들의 무관심과 무지는 이영달 실장의 마음을 오히려 더욱 편안하게 해주었다.

"그렇게 되면 직원들도 아웃소싱에 동의하지 않을 수 없겠군요."

공 부장은 싱글벙글한 얼굴이었지만, 이영달 실장은 여전히 신중한 태도를 보였다.

"그렇다고 마냥 좋아할 일은 아닙니다. 원가 배분 기

준을 바꾸려면 뭔가 그럴 듯한 이유가 있어야 합니다. 필요하다면 전체적인 성과평가 기준 자체를 바꿔야 할 수도 있고요."

"맞는 말씀입니다. 원가 배분을 기준으로 부서별 성과평가 기준을 바꾼다면 생산부서 직원들도 자기네들 성과평가를 위해서 결국은 아웃소싱에 동의할 수밖에 없을 겁니다."

공 부장은 평생 남의 눈치 보는 것을 밑천으로 살아온 것처럼 이영달 실장의 비위를 딱딱 맞춰 맞장구를 쳤다. 노조를 움직여 항상 골머리를 아프게 하는 박인영 생산부장이 곱게 보이지 않던 차에 공중택 부장과는 뜻이 잘 통할 듯해 이영달 실장도 마음이 놓였다. 어쨌건 회사의 수익성을 고려하면 외주가공으로 돌려야 했다. 이에 따를 직원들의 반발 역시 최소화할 방안을 찾아야 했다.

"그럼 성과평가 기준은 실장님이 직접 만드실 생각이신가요?"

이영달 실장은 공중택 부장의 말에 회심의 미소를 지으며 고개를 저었다.

"굳이 직접 피를 묻힐 필요가 뭐 있습니까? 피를 보는 일은 다른 사람한테 시키고 우리는 명예만 지키면 되는 거죠."

"그럼 누구한테 일을 맡기실 작정이신지요?"

공 부장이 비밀이라도 캐듯 은근한 어투로 물었다.

"왜 대기업들이 비싼 비용을 치르면서까지 유명 컨설팅 회사의 컨설팅을 받는지 아십니까?"

"그야 원래 전문가들 몸값이 비싸지 않습니까? 좀 더 심도 있는 전문 지식을 빌리기 위해 비용을 많이 지불하는 거겠죠."

이영달 실장은 고개를 저었다.

"그보다 더 큰 이유는 명분입니다. 우리가 회사의 구조 조정에 앞장선다면 잘해도 직원한테 욕먹고, 못 하면 위에서 욕을 먹겠죠. 하지만 컨설팅 업체를 이용하면 우리는 책임을 전문가들에게 떠넘길 수 있습니다."

"아, 그렇군요! 그럼 실장님의 뜻대로 움직여 줄 전문가만 물색하면 되겠군요."

하지만 이영달 실장의 생각은 달랐다.

"아뇨, 그럴 필요 없습니다. 괜히 아는 사람을 끌어들였다가 한통속으로 오해받을 수도 있으니까요. 컨설팅 회사 선정은 전적으로 사장님께 직접 부탁하면 됩니다."

"하지만 그렇게 되면 전문가가 우리 계획을 방해할 수도 있지 않을까요?"

공 부장의 걱정 어린 말에도 이영달 실장은 한껏 여유를 부렸다.

"어차피 전문가는 허수아비입니다. 한 달에 한두 번 부를 때만 오는 전문가에게 구태여 우리의 핵심 계획을 말해줄 필요가 뭐 있습니까? 전문가가 할 일은 우리가 세운 성과평가 기준과 원가 절감 방안을 검토해 주는 것으로 선을 그어 컨설팅 회사와 계약을 맺으면 됩니다. 속사정을 모르는 직원들은 컨설팅 회사에서 모든 성과평가 기준과 원가 절감 방안을 마련해 준 것으로 알 테고, 그럼 우리는 쉽게 모든 책임을 컨설팅 회사에 떠넘길 수 있지요."

"컨설팅 회사에서 책임을 떠안으려고 할까요?"

"그러라고 있는 세 컨설팅 회사죠."

이영달 실장의 아이디어는 기업들이 공공연히 사용하는 방식이었지만, 공 부장은 새로운 경영전략을 접한 것처럼 호들갑을 떨었다.

"철저하시군요."

"회사를 위해서라면 절대 적당히 해서는 안 되죠."

이영달 실장의 포스에 압도당한 공중택 부장이었다. 그는 이미 이영달 실장을 위해 일할 준비가 되어 있었다.

숫자로 바꿔야
관리할 수 있다

"지난번에 내가 말했던 밥이랑 반찬 조금씩만 먹자는 아이디어, 괜찮지 않나?"

"과장님, 제발 진지하게 생각해 주세요."

홍승환 대리는 시종 건성으로 대답하는 양정구 과장에게 볼멘소리를 했다.

"부서별로 한 달에 하나씩 비용 절감 아이디어를 내라는 건 너무하는 거 아니에요?"

부서의 막내인 김미혜 사원 역시 불만 가득한 표정이었다. 그때 유만식 부장이 중재에 나서듯 말했다.

"농담 같아도 양 과장 말을 곱씹어 볼 필요가 있어. 단순히 반찬을 남기지 말라고 할 게 아니라 김치 하나의 원가가 얼마인지 벽에 붙여놓으면 그만큼 직원들의 잔반이 줄어들거든. 숫자의 힘이라고 할 수 있겠지."

뾰로통하던 양 과장의 얼굴이 유만식 부장의 말 한마디에 활짝 펴졌다.

"아무튼 날짜가 좀 남았으니까 너무 조급해하지 말고 차근차근 생각해 보자고. 홍 대리는 TF팀 회의 들어갈 시간 아냐?"

사무실 벽시계를 보니 그새 한 시간이 흘렀다. 비용 절감 아이디어 공모 때문에 열린 부서 회의는 오늘도 별 소득 없이 시간만 잡아먹으며 끝나버렸다.

"오늘 TF팀 회의에는 컨설팅 회사에서 온 전문가도 참석한다던데, 우리 구매부서를 대표해서 많이 배워 와."

유 부장은 친조카 대하듯 어깨를 두드리며 홍 대리를 응원했다.

유 부장이 달래주어 그나마 마음이 누그러지긴 했지만, 여전히 홍 대리는 미적지근한 부서 사람들의 태도에 속이 상했다.

'매번 이런 식이니 유배부서라는 얘길 듣지. 유배 와서 마냥 시간만 축내는 부서.'

어쨌건 구매부서를 대표해 TF팀에 참석하는 사람도,

이달 내에 비용 절감 아이디어를 제출해야 하는 사람도 홍 대리 자신이었기에 머리가 터져버릴 것 같았다. 하늘에서 동아줄이라도 내려왔으면 좋겠다는 꿈같은 생각을 하며 홍 대리는 무거운 발걸음으로 회의실을 향해 걸어갔다.

고한영 사장과 이영달 실장은 사장실에서 컨설팅 전문가 홍영호 회계사를 만나고 있었다.

경영진은 자신들이 손수 채용하고 교육한 사람과 조직을 분해하는 과정에서 솔직함과 객관성을 유지하기 어렵기 때문에 외부 전문가의 힘을 빌리는 것이 옳다고 판단했다. 다행히 오랜 지인인 다산타이어 박정석 사장에게 홍영호 회계사를 소개받았다. 고한영 사장이 그의 이전 직장인 무한실업에 있을 때 입사 동기였던 박정석 사장의 회사가 심각한 경영 위기에 빠진 적이 있었는데, 이를 기사회생시켜 준 사람이 바로 홍 회계사였다. 이런 연유로 박정석 사장은 고한영에게 자신 있게 홍 회계사를 추천했던 것이다.

그즈음 홍영호 회계사의 회사는 회계법인을 넘어 종합 경영컨설팅 회사로 커가고 있었다.

"그럼 앞으로는 제조업에 중점을 둘 생각이신가요?"

홍영호 회계사는 지금 막 고한영 사장으로부터 무한유

통의 원가 절감을 비롯한 내부관리는 이영달 실장이 전담하고 자신은 제주도를 테스트마켓으로 한 신규 비즈니스에 전념할 것이라고 전해 들은 참이었다.

홍 회계사의 질문에 고한영 사장이 고개를 끄덕이며 답했다.

"요즘은 유통업과 제조업의 구분이 거의 없죠. 지금 우리 공장에서도 포장 같은 간단한 수준의 생산은 하고 있으니까요. 그런데 자금지원이나 세제 등 혜택 면에서 유통업보다는 제조업이 우위에 있으니까 아무래도 제조업에 집중해야 할 것 같습니다."

"그럼 앞으로 무한유통의 비용 절감과 관련한 사안에 대해선 이영달 경영기획실장님과 이야기하면 되는 건가요?"

"그렇지요. 어차피 나야 제주도에 더 집중해야 하는 상황이고 원가에 대해서는 아는 것도 없으니 이 실장과 같이 일을 처리해 나가면 될 겁니다."

"잘 부탁드립니다."

옆에 있던 이영달 기획실장이 작게 목례를 했다.

"그러니까 부서별로 제출한 아이디어들을 TF팀에서 취합해 최선의 비용 절감 방안을 선별 시행할 계획이라는 거죠?"

엘리베이터를 기다리면서 홍 회계사가 이영달 실장에게 물었다.

"그렇죠. 1년간 원가 절감 아이디어를 모아서 연말에 가장 효율적인 아이디어에 대해서는 원가 절감액의 1퍼센트를 포상금으로 지급할 생각입니다."

"1퍼센트의 포상금은 너무 크지 않을까요?"

"그런가요?"

"원가 절감액이 어느 정도에 달할지도 모르는 상태에서 포상금만 커지면 포상금에만 관심이 쏠리고, 오히려 아이디어를 내는 데는 덜 신중하게 되지 않을까 해서요."

이 말은 사실이었다. 포상금만 높다고 올림픽 메달의 갯수가 늘어나는 것은 아니었다. 우수한 성과를 낸 직원에게 성과급을 지급하자 전 직원에게 성과급을 달라고 요구했던 전례도 있었기에 무작정 높은 금액의 포상금을 제시했다간 도리어 문제가 생길 수도 있었다. 홍 회계사의 의견에 동의하듯 고개를 끄덕이던 이영달 실장은 재빠르게 포상 방안을 수정했다.

"그럼 건당 5000원에서 5만 원 사이로 포상금을 정하고 우선은 아이디어를 많이 얻는 쪽에 초점을 맞춰나가는 게 좋겠네요."

그때 맞은편에서 걸어오던 공중택 판매부장이 인사를 건넸다.

"실장님, TF팀 회의 들어가시나 봐요?"

공 부장과 의미심장하게 눈빛을 주고받은 이 실장은 다른 사람들의 시선을 의식한 듯 얼른 웃으며 말했다.

"공 부장님, 인사하시죠. 이번에 우리 회사 컨설팅을 해주실 홍영호 회계사님입니다."

"아, 그렇군요. 안녕하십니까? 저는 판매부장 공중택입니다."

"예, 홍영호입니다."

홍 회계사가 크게 허리를 굽히며 인사를 해오는 공 부장과 인사를 나누고 있을 때, 도착음과 함께 엘리베이터 문이 열렸다.

"저, 실례인 줄은 아는데…… 제가 공중택 부장과 잠깐 할 얘기가 있어서요. 괜찮으시면 먼저 회의실에 가 계시겠습니까?"

"예, 그러죠."

홍 회계사는 대답한 후 엘리베이터에 탔다. 한데 먼저 타고 있던 한 남자가 연신 혼잣말을 중얼거리고 있었다.

"뭔가 확실한 아이디어가 있어야 되는데 말이야. 구매 부서에서 할 수 있는 원가 절감 방안이라면 싸게 물건 사는 거? 그건 쉽고도 어려운데……."

"구매부서 직원이세요?"

홍 대리는 처음 보는 사람이 말을 걸어오자 깜짝 놀랐다. 낯선 얼굴인 게 회사 직원은 아닌 것 같았다.

"네, 그런데요."

승환이 경계의 눈빛으로 쳐다보자 홍 회계사가 미소를 지었다.

"열심히 원가 절감 아이디어를 고민하시는 것 같아서요."

홍 대리는 슬쩍 기분이 상했다. 누군지도 모르는 사람이 자기 얘기를 엿들은 것 같아, 혹시 구매부서 아이디어를 가로채려는 스파이는 아닌가 하는 생각까지 들었다.

"아, 예……. 그런데 죄송하지만 누구신지?"

홍 대리가 경계하듯 조심스레 물어오자, 홍영호 회계사

는 미소를 지으며 말했다.

"이번에 무한유통의 컨설팅을 맡게 된 홍영호 회계사입니다."

홍 대리는 그제야 경계심을 풀고 살짝 허리를 숙여 인사했다.

"아, 그러시군요. 전 구매부서 직원이자 TF팀 소속인 홍승환 대리라고 합니다."

그 순간 엘리베이터 문이 열리고, 홍 회계사가 미소를 지으며 먼저 내렸다. 홍 대리는 멀뚱히 그 뒷모습을 바라보다가 문이 닫히려 하자 황급히 뒤따라 내렸다.

초반 몇 차례는 오전에 열렸던 TF팀 회의가 일의 효율성을 위해 오후의 가장 한가한 시간으로 바뀌었다. 회의는 부서별로 제출한 원가 절감 아이디어에 대해 토의하는 방식으로 진행됐다. 아울러 서류심사를 통과한 아이디어는 프레젠테이션을 통해 TF팀 직원들을 교육하고 설득하는 과정이 생기면서 얘기가 길어졌고, 종종 밤늦게야 회의가 끝나기도 했다.

홍 회계사가 처음 참석한 TF팀 회의에서 이영달 경영기획실장은 원가 절감의 필요성을 강조했다.

"얼마 전 직장인 익명 커뮤니티인 블라인드에 우리 회사 직원이라고 하는 사람의 글을 보았습니다. 자신을 10년 차 직원이라고 소개하더군요. 일에 있어서는 모르는 게 없다 보니 하루 2시간 정도만 빡세게 일하면 6시간은 블라인드나 웹서핑을 할 수 있다고 자랑을 하더라고요. 업무 시간에 피시방을 가도 모른다고 하면서 회사를 조롱하는 듯한 글을 올려놓았습니다. 그런 사람들은 시간을 아무렇게나 쓰레기통에 처박아 버릴지 모르겠습니다만 사실 우리는 시간과 싸우는 사람들입니다."

이영달 실장은 격해진 감정을 고른 다음 다시 설교를 시작했다.

"우리는 시간에 살고 시간에 죽지요. 시간을 지배할 줄 아는 사람이야말로 업무를 지배할 줄 아는 사람입니다. 누가 그랬죠? 시간은 인간이 쓸 수 있는 가장 값진 것이라고요. 하루가 짧은 것이 아닙니다. 시간을 어떻게 쓰는지를 모르는 겁니다. 그래서 이런 시간 낭비를 줄이기 위해 나는 시간의 가치를 숫자로 바꿔보자고 말하고 싶습니다."

시간을 쓰레기통에 처박아 버린다는 말이 직원들의 가슴을 답답하게 죄어왔다. 이영달 실장은 잠시 말을 멈추고 직원들을 찬찬히 둘러보았고, 직원들은 슬쩍슬쩍 그의 눈길을 피하기 바빴다. 그때 이 실장의 매서운 눈이 홍 대리의 눈과 정확하게 마주쳤다.

이영달 실장의 날카로운 눈빛에 홍 대리의 입이 저절로 움직였다.

"시간의 가치를 숫자로 바꾼다는 것이 무슨 의미인지 잘 모르겠습니다."

그런 말이 나올 줄 알았다는 듯 이영달 실장이 고개를 끄덕였다.

"네, 그 의미가 뭔지 아직 모르겠죠. 먼저, 제가 주장하는 방법은 이겁니다. 앞으로 회의를 할 때 참석자들이 회의실에 들어오자마자 각자의 연봉을 컴퓨터 시스템에 입력합니다. 그러면 컴퓨터가 시간가치로 환산하여 참석자들이 인건비를 합산한 뒤 그날 회의의 총비용을 계산해 냅니다. 회의가 끝날 때 의장은 계산된 그날 회의의 총비용을 밝히고, 회의 결과로 무엇을 얻었는지 물을 겁니다."

이영달 실장이 말을 마치며 자신을 바라보자 홍 대리는 머리를 긁적이며 물었다.

"예, 그렇게 말씀하시니 이해는 되는데요. 그럼 구체적으로 어느 정도 비용 절감 효과가 있을까요?"

이영달 실장이 잠시 홍 대리를 주시하더니 설명을 시작

했다.

"자신의 몫을 다하지 못하는 사람은 남에게 폐를 끼치는 겁니다. 남에게 폐가 안 되려면 자기 몫을 충실히 해내야죠. 아울러 시간뿐만 아니라 비품에도 숫자를 적용해야 합니다. 이를테면, 비품 하나하나에 그 원가를 써놓는 겁니다. 창고에 가보면 낭비되는 물건이 한두 개가 아니고 소모품들도 마구 나뒹굴고 있습니다. 이런 것들에 가격을 표시해 회사 곳곳에 붙여놓으면 자연스레 비용 절감 의식이 생기게 되겠죠."

근무시간을 최대한 효율적으로 보내자, 혹은 비품도 아껴 쓰자 같은 얘기에는 공감하면서도 이미 회의가 이영달 실장의 훈계로 이어지고 있어 팀원들의 얼굴에는 불편함이 서서히 드러나고 있었다.

"생산부서에선 어떤 원가 절감 아이디어를 생각하고 있나요?"

이영달 실장은 대뜸 생산부서부터 지목하고 나섰다.

잠시 부하 직원과 눈짓을 교환하던 이생산 과장이 용기를 내 발언했다.

"용량을 10퍼센트 정도 줄이는 방안은 어떻습니까?"

이영달 실장은 기다렸다는 듯 기가 차다는 반응을 보

였다.

"올 초 제품가격을 올렸을 때 소비자들의 불만이 대단했죠. 그런데 채 두 달도 안 돼 용량까지 줄이면 회사 이미지가 얼마나 안 좋아지겠습니까? 소비자는 지갑을 열어서 어떤 기업의 물건을 구입할지 고르기 때문에 구매를 '지갑 속의 투표'라고도 합니다. 자본의 힘이 아무리 세더라도 결국 선택권을 가진 것은 소비자입니다."

"비싸게 사와서 싸게 판매하다 보니 팔수록 적자가 납니다. 원가 상승분을 가격에 반영하지 못하면 그동안 벌었던 수익까지 다 까먹을 판입니다."

잔뜩 주눅이 든 이생산 과장이 기어들어 가는 목소리로 말했다.

"밀, 콩, 옥수수 등 원재료비가 1년 새 50~150퍼센트씩 폭등했고 유제품 수입가격도 크게 올라서 용량을 줄이지 않고는 더 이상 버티기가 힘듭니다. 그렇다면 용량 감축 사실을 소비자들에게 알리지 않으면 되지 않을까요? 그러니까 소비자들이 눈치채지 못할 정도로만 용량을 조절하는 거죠."

"지금 이 과장님이 한 말, 본인 스스로도 도덕적으로 문제가 있다고 생각하지 않으십니까?"

이영달 실장의 지적은 옳았지만, 날카로운 언성에 홍 회계사는 짐짓 놀라는 눈치였다.

이생산 과장은 자존심이 상한 듯 반론을 제기했다.

"물론 소비자들에게 비난의 대상은 될 수 있겠지만 요즘 같은 물가상승기에는 어쩔 수 없는 선택입니다. 다른 회사들도 그렇게들 하고 있고요."

"다른 회사들도 그렇게 하고 있으니 우리도 그렇게 하자는 건 결국 예전의 낡아빠진 방식 그대로를 답습하자는 것밖에는 안 됩니다. 이건 능력의 문제가 아니라 열정의 문제입니다."

이영달 실장은 '다른 회사들도'라는 말에 분을 삼키지 못했다. 다른 회사를 우리 회사의 기준으로 삼자는 논리가 마음에 들지 않은 것이다. 회사가 비용을 절감하려면 이러한 고정관념과 학습된 무기력에서부터 벗어나야 한다고 지적했다.

"생산부서에서 그런 편법으로 원가를 줄이려고 들면 영업하는 데도 지장이 생기게 됩니다. 소비자는 물론 거래처들도 우리 무한유통에 대해 나쁜 선입견을 갖게 될 테니까요."

이번엔 판매부서의 김판매 과장이 딴죽을 걸었다.

"다른 사람의 의견에 반론을 제기하기 전에 김판매 과장님께서 먼저 원가 절감 대안을 말하시는 게 순서 아닐까요?"

흥분한 이 과장이 쏘아붙였다.

"판매부서는 만든 제품을 판매하는 부섭니다. 원가 절감이야 당연히 구매나 생산 쪽에서 해야 하는 거 아닙니까? 괜히 다른 부서에 책임을 전가하시면 안 되죠."

김판매 과장의 발언에 울컥한 홍 대리가 참다못해 끼어들었다.

"과장님, 판매부서는 원가와 관련이 없다는 얘긴가요?"

"적어도 우리 판매부서는 구매부서처럼 재고를 쌓아놓고 일하진 않습니다. 창고에 쌓여 있는 재고들 보세요. 그게 다 돈 아닙니까? 재고만 없어도 막대한 원가가 절감될 텐데 왜 재고가 쌓이게 하는지 이해가 안 됩니다."

김판매 과장이 여전히 남 얘기하듯 말하자, 홍 대리는 속이 부글부글 끓어올랐다. 하지만 그래도 상대가 과장인지라 함부로 대들 수는 없어 최대한 감정을 누른 채 또박또박 말했다.

"사실 저희 구매부서는 생산부서나 판매부서의 주문에 근거해서 제품을 구매하거든요."

김판매 과장은 대놓고 구매부서를 질타하고 나섰다.

"아니, 그렇게 안일하게 일하는 걸 자랑이라고 말하나, 홍승환 대리? 구매부서야말로 시장동향을 살펴보면서 물건을 구입해야지. 다른 부서 얘기 그대로 따라서 하는 게 일이면 너무 편하게 하려고 하는 거 아닌가?"

홍승환 대리가 반론을 제기하려 했을 때, 이영달 실장이 냉큼 끼어들었다.

"김판매 과장의 지적, 충분히 공감이 갑니다. 그런 식으로 구매부서가 단순 업무만 할 거면 정규직 사원이 필요하지도 않겠죠. 비정규직 사원을 뽑아서 맡기거나, 아예 아웃소싱으로 돌려도 되겠네요."

이영달 실장까지 편을 들고 나오자 승환은 더 이상 어떤 말도 할 수 없었다. 이 상황에선 무슨 말을 해도 꼬투리만 잡힐 것 같아 그저 속으로 분을 삭일 수밖에 없었다.

물론 판매부서의 입장도 이해가 안 가는 건 아니었다. 판매 쪽도 소비불황 때문에 판매량 감소로 고민이 많았고, 그런 상황에서 원가 절감까지 부담해야 한다는 건 판매부서 입장에선 받아들이기 힘든 일일 것이다. 하지만 홍 대리를 포함한 생산부서나 구매부서 직원들은 판매부서에서 제대로 영업을 못하고 있기 때문에 판매량이 줄어들고 있고 그래서 원가 부담이 커지고 있다는 사실을 모르지 않았다.

　

아이들을 재운 승환은 서재로 들어가 컴퓨터 앞에 앉았다. 오후에 있었던 TF팀 회의의 여파 때문인지 잠이 오지 않았다. 팀원들 사이의 보이지 않는 냉기류도 신경 쓰였고, 이영달 경영기획실장이 너무 독선적이라는 생각도 들었다.

괜히 TF팀에 참여했다는 생각을 하고 있는 순간 불쑥 홍영호 회계사가 떠올랐다.

"TF팀에서 오간 얘기나 회의 결과를 홍영호 회계사님께 전달해 줄 팀원을 정해야 하는데, 누구 자원할 사람 없습니까?"

TF팀 회의 말미에 이영달 실장이 팀원들을 둘러보며 말했다.

회의 내내 생산부서와 판매부서 간에 대립이 심했던 탓에 예상대로 지원자는 없었고, 팀원들의 소극적인 태도에 이영달 실장의 얼굴이 일그러지고 있을 때 홍 회계사가 나섰다.

"제가 보기에 홍승환 대리님이 열성적으로 원가 절감

프로젝트에 참여하시는 것 같습니다."

홍 대리가 공개적으로 칭찬을 받은 것은 정말 오랜만이었다.

회의가 끝나고, 승환은 정식으로 인사를 하며 명함을 건넸다.

"앞으로 많이 가르쳐주십시오."

"가르친다니요. 서로 돕는 거죠. 궁금한 점이 있으면 문의하세요. 도와드릴 수 있으면 저도 일하는 데 보람이 있을 테니까요. 저도 많이 도와주시고요. 하하!"

승환은 젠틀한 홍 회계사가 마음에 들었다. 무엇보다 팀원들 사이에서도, 경영기획실장에게도 치이는 마당에 그나마 의지할 곳이 생겨 다행이라는 생각이 들었다.

오후에 있던 일을 떠올리면서 승환은 컴퓨터로 음식 칼로리를 체크해 나갔다. 회의 시간에 홍영호 회계사가 비용을 숫자로 계산하는 걸 보면서 생각한 방법이다.

요즘 들어 만나는 사람들마다 살찐 것 같다는 말을 자주 해오고 있었다. 홍 대리 자신도 불룩하게 나온 자신의 배를 볼 때마다 한숨이 흘러나왔다. 조금만 뛰어도 숨이 차는 게 확실히 몸 상태가 예전 같지 않게 느껴졌다.

굳은 결심을 하고 정확한 음식 칼로리를 숫자로 계산하던 승환은 1시간 운동해서 소모한 칼로리가 술 3잔의 칼로리 섭취량과 비슷하다는 사실을 알고 깜짝 놀랐다. 그뿐만 아니라 승환이 좋아하는 커피 4잔이 1시간 운동량에 버금가는 칼로리라는 것은 그야말로 충격이었다. 굳은 결심으로 1시간 운동을 하고 나서는 살이 빠졌을 거라며 흐뭇해했던 때가 많았는데, 별생각 없이 마셔댄 커피가 하루 4잔은 넘었으니 따지고 보면 결국 다이어트 효과는 전혀 없었던 것이다.

평소에 커피 몇 잔은 아무것도 아니라고 생각했는데, 아무리 운동을 해도 과식하면 효과가 없다는 사실이 조금 실망스러웠다. 결국 운동과 함께 음식도 조절해야 다이어트에 성공할 수 있는 것이었다.

승환은 자신이 좋아하는 음식들의 칼로리를 검색해 모두 수첩에 적었다. 숫자로 표시해 보니 그동안 자신이 막연하게 생각했던 것과 실제 음식 칼로리에는 상당한 차이가 있었다. 수첩에 적힌 음식들의 높은 칼로리를 보니 먹고 싶은 마음까지 덩달아 줄어드는 것 같았다. 당분간은 수첩을 보면서 칼로리 높은 음식을 자제하고, 음식 조절에 바짝 신경을 써야겠다고 결심했다.

원가 절감의
핵심은
구매부서

홍 대리는 지금까지 구매부서가 원가 절감에 대해 그다지 고민하지 않았다는 사실을 알게 됐다. 원가 절감보다는 기왕이면 더 좋은 물건을 구매하기 위해 노력했고, 기존에 거래하던 구매처에서 계속 구매를 해오는 게 관행이었다. 그런데 TF팀에 참여하고 회의에서 논의된 사항을 정리해 홍 회계사에게 보고하는 역할을 맡게 되면서 차츰 구매부서의 원가 절감 방안에 대해 더 많은 생각을 하게 됐다.

"회계사님, 지난번 회의 때는 원자재 가격상승으로 인해 원가 절감이 더욱 어려워졌다는 얘기가 오갔는데요. 그렇다면 원자재를 구입하는 구매부서의 역할이 중요한 것 같은데, 실무적으로 구매부서에서 원자재 가격을 조절하는 데는 어려운 점이 많거든요."

"구체적으로 어떤 점이 어려운가요?"

"우선 수년간 거래해 온 거래처한테 어느 날 갑자기 가격을 깎아달라고 하는 게 말처럼 쉽지가 않죠."

잠시 생각하던 홍영호 회계사가 입을 열었다.

"원가분석보고서에서 볼 수 있듯이 원가는 재료비와 노무비, 그리고 경비를 합산해 계산됩니다. 홍 대리님께선 어떤 원가를 줄이면 가장 원가 절감 효과가 클 거라 생각하시죠?"

홍영호 회계사의 질문에 홍 대리는 잠시 생각에 잠겼다. 원가 절감이라고 하면 습관적으로 생산부서의 생산성부터 떠올렸지만, 요즘 들어 가장 문제시되고 있는 노조와 회사 측의 대립 양상을 보자면 직원들의 인건비가 가장 원가 절감 효과가 좋은 건 아닐까 하는 생각도 들었다.

"인건비가 가장 효과도 크고 줄이기도 쉬울 것 같은데요. 여기저기서 구조조정을 하는 이유도 그렇기 때문 아닌가요?"

홍영호 회계사는 원가분석보고서를 보면서 차근차근 설명을 시작했다.

"무한유통의 원가를 보면 재료비가 원가의 60퍼센트,

노무비와 경비가 각각 20퍼센트씩을 차지하고 있습니다. 만약 구매부서 재료비를 10퍼센트 줄일 때와 생산부서에서 10퍼센트 생산성을 높일 때, 그리고 인건비를 10퍼센트 줄였을 때 과연 얼마나 원가가 절감되는지 생각해 보시고, 어느 쪽이 더 원가 절감 효과가 큰지 비교해 보십시오."

홍영호 회계사의 요구에 홍 대리는 머리를 굴려가며 암산을 했다. 구매부서에서 재료비를 10퍼센트 절감한다면 6만큼의 원가가 줄어들고 생산부서에서 10퍼센트의 생산성을 올리면 경비의 10퍼센트인 2만큼이 줄어들게 된다. 인건비의 경우에는 직원을 10퍼센트만큼 구조조정하더라도 2만큼밖에 줄지 않았다.

"재료비 절감 효과가 가장 크네요."

"정확히 보셨어요. 도소매업이나 제조업에서는 재료비가 원가의 가장 큰 비중을 차지하고 있기 때문에 재료비 절감으로 가장 큰 원가 절감 효과를 볼 수 있습니다."

모든 기업은 중요한 일에 많은 돈을 쓰게 되어 있다. 큰 숫자는 돈이 많이 들어갔다는 것이므로 업의 본질과도 일맥상통한다. 특히 원가구조를 보면 회사가 어느 부분에 집중하고 있는지를 알 수 있다. 스타벅스를 예로 들면, 커피 한 잔의 원가 중에서도 임차료가 절반을 차지한다. 결국 스타벅스와 같은 커피숍은 가장 중요한 기업 전략이 매장 위치인 것이다.

홍영호 회계사는 원가구조를 통해 기업의 본질을 파악했다. 즉, 큰 숫자를 절감하는 것이 중요함을 간파했던 것이다. 그리고 이와 같은 방법은 원가 절감에도 그대로 적용된다.

"재료비를 줄이려면 거래처로부터 가격을 싸게 해서 사 오는 수밖에 없습니다. 그런데 저희 부장님은 원가 절감이라는 말을 정말 싫어하시는 분이세요. 물건은 제값을 주더라도 진짜 좋은 재료를 써야 한다고 주장하시거든요."

홍 대리의 볼멘소리에 홍 회계사는 미소를 지어 보였다.

"거래처로부터 싼 가격에 물건을 구입하는 방법 이외에 재료비를 줄이는 다른 방법도 있을 겁니다. 한번 구매부서 직원들과 재료비를 줄이는 방법에 대해 논의해 보세요. 그런 과정 속에서 원가 절감을 실천하려는 마음도 커질 테니까요."

홍 회계사는 대답 대신 숙제를 주었다. 스스로 정답을 찾아가며 고민하는 과정이 있어야 실행력이 높아진다는 것이다. 이는 홍 대리가 다이어트를 하면서 배운 방식이기도 했다. 사람들이 알려준 방법이나 책에서 배운 다이어트 방식들은 홍 대리 스스로가 고민해 얻은 방법이 아니어서 피부로 와닿지 않았고, 그러다 보니 다이어트 방법만 잔뜩 알게 되었을 뿐 실행으로 옮기지는 않았다. 그런데 음식 칼로리를 계산하는 방식을 생각해 내자 이번만큼은 꼭 다이어트에 성공해야겠다는 마음이 들었다.

"회계사님, 제가 실은…… 이번에 회사의 원가 절감뿐 아니라 제 몸무게 절감 프로젝트도 함께 시작했거든요. 최소한 둘 중 하나는 꼭 성공하려고요."

다이어트를 할 땐 그 사실을 여기저기에 말하고 다녀야 사람들의 이목 때문에라도 더 열심히 하게 된다. 그래서 홍 대리는 안 지 얼마 되지도 않은 홍 회계사에게 개인적인 일까지 굳이 말한 것이다. 그런 의도를 알아챘는지 홍영호 회계사도 자신감을 불어넣어 주었다.

"홍 대리님처럼 열정적인 분이라면 아마 둘 다 성공하실 겁니다."

시간은 쏜살같이 지나 구매부서의 아이디어 제출 기한이 코앞으로 다가왔다. 답답할 정도로 느긋했던 구매부서 직원들도 제출 기한 앞에선 다급해질 수밖에 없었다. 무엇보다 원가 절감 아이디어 공모라는 게 이영달 경영기획실장 개인 의견이 아니라 회계사의 보고서에 근거해 시작된 것인 만큼 경영기획실장을 상대로 뭐라 하기도 애매했기 때문이다. 더군다나 고한영 사장도 특별히 관심을 갖고 있는 사안인 만큼 신경이 곤두섰다. 하지만 여전히 아이디어는 나오지 않았고, 급기야 도대체 왜 아이디어가 나오지 않는지 그 원인부터 파악하자는 데 의견이 모아졌다.

양정구 과장의 원인 분석은 이러했다.

"사실 대량구매를 하면 단위당 원가 절감이 이루어지기는 하지만 물건이 안 팔려 재고로 남게 되고, 그 책임 문제는 구매부와 판매부의 부서 간 싸움으로 번지지 않습니까? 그리고 대부분은 우리 구매부에게 책임이 있다는 식으로 결론이 나죠. 그러니까, 원가 아껴보겠다고 구매부서에서 대량구매를 해도 재고만 늘리고 부서 간 싸움만 가져오는 꼴이니 어차피 소용없는 일 아닙니까. 잘해보려고 해도 욕만 먹으니 동기부여도 안 되고, 그러니 자연히 아이디어도 안 나오는 거죠."

홍 대리는 물론 모든 구매부 직원들이 양 과장의 말에 공감했다. 뭐든 동기부여가 있어야 한다. 다이어트도 마찬가지이다. 소식小食과 운동이라는 다이어트의 아주 단순한 진리를 실천하기 힘든 건 그렇게 힘들게 소식과 운동을 해야 할 이유가 절박하지 않기 때문에, 즉 동기부여가 없기 때문이다. 단순히 '비만이면 성인병에 걸리기 쉽다'는 생각에 다이어트를 하면 십중팔구 다이어트에 실패하기 쉽다. 젊었을 때는 성인병 문제가 피부로 와닿지 않기 때문이다.

직원들은 서로 눈치만 볼 뿐 시큰둥한 표정이었는데 그때 김 사원이 조심스레 입을 열었다.

"지난번 TF팀에서 경영기획실장님이 구매부서를 단순 업무나 처리하는 부서라며 비정규직으로 돌리든지 아웃소싱하는 게 낫지 않겠냐는 얘기까지 하셨다고 들었어요. 그걸 보더라도 회사 측에선 실제 우리가 일하는 현장 사정을 잘 모르는 거 같아요."

"우리를 내쫓고 비정규직으로 채운다고? 그게 어디 말이나 되는 소리야? 내가 회사에 처음 입사하고 나서 1000개가 넘는 품목 다 외우느라 얼마나 힘들었는데⋯⋯. 그리고 거래처관리가 얼마나 신경을 많이 써야 하는 일인데! 그걸 단순 업무라고 하면 안 되지!"

양 과장은 흥분해 언성을 높였다.

"무조건 비정규직 전환이나 아웃소싱을 하면 비용이 절감될 수 있다고 생각하는 게 문제죠. 아무래도 비정규직 직원들의 업무 교육에는 신경을 덜 쓰게 되고, 정보도 같이 공유하려 들지 않는 게 현실이니까요."

홍 대리의 말에 이번엔 유 부장도 거들고 나섰다.

"그렇지. 언제 퇴사할지 모른다는 생각이 자리 잡혀 있는 비정규 직원들 교육시키는 데 시간을 소비하느니, 차라리 내가 직접 업무를 처리하는 게 더 빠르겠다고들 생각하니까. 그러니 비정규직 사원들은 그야말로 단순 업무만 하다가 관두는 꼴이고, 정규직 사원들이 해야 할 일은 항상 그대로고……."

잠시 무거운 침묵이 이어졌다. 역시 경영진과 실무진의 생각이 많이 달랐던 것이다. 경영기획실에서는 업무의 단순성을 이유로 그동안 아웃소싱이나 비정규직 확대를 주장해 왔는데, 이는 결국 비정규직뿐만 아니라 정규직 사원들의 현실을 제대로 파악하지 못한 데 기인한 일일 수도 있었다.

"일반적으로 구매부서는 시장의 동향에 주의를 기울이기보다는 생산부서나 판매부서의 주문에 근거해 제품 구매를 하다 보니, 어느 순간 정신을 차려보면 이미 팔리지 않은 재고가 산더미처럼 쌓여 있는 경우가 많습니다. 그런데 이런 현실을 무시한 채 원가 절감만 고집한다면 저희도 나중에 재고가 쌓이든지 말든지 일단 대량구매를 할 수밖에 없는 거죠."

이는 구매부서가 안고 있는 고질적인 고민거리였다. 과잉 매입에 의한 재고 발생이 원가를 높이는 전형적인 경우이긴 했지만, 재고가 없으면 판매기회를 잃을지도 모른다는 우려와 원가 절감이라는 구매부서의 목표 때문에 대량 구매에 따른 지나치게 많은 재고를 떠안게 되는 경우가 많았다. 그 외에 매입 시기를 잘못 잡거나 제조사의 납품이 늦어져 재고가 생기기도 했고, 쌓인 재고는 때론 원가 이하의 가격으로 처분되기도 했다.

이런 일은 유통업뿐만 아니라 다른 업종에서도 흔하게 일어났다. 재고가 남는 데에는 판매부서의 판매정책 혹은 가격정책의 실패가 원인인 경우가 있었다. 타깃 고객을 제대로 못 잡거나, 진열이나 전시를 잘못해서 재고가 많이 남으면 가격을 인하해 처분할 수밖에 없게 된 경우가 있는가 하면 고부가가치를 겨냥했다가 매출액 저하로 인해 어쩔 수 없이 가격을 내리기도 했다.

"이 문제를 해결할 좋은 방법이 있어야 되는데……."

잠시 고민하던 유만식 부장이 자신의 생각을 말했다.

"홍 대리 말대로 재고 문제를 고려한다면, 구매부서에게 무조건 구매 원가 절감만 지시하는 건 잘못된 것 같아요. 그 대신 회사 전체적인 부가가치 창출의 목표에 부합하는 원가 절감 방안이 필요한데, 그러려면 직원들의 의욕을 불러일으킬 만한 뭔가가 있어야 되지 않을까요? 예를 들어, 판매부서에서 실적이 좋으면 포상이 있는 것처럼 구매부서도 성과에 따른 인센티브제를 도입하면 어떨까요?"

"지당하신 말씀입니다. 기껏 이렇게 머리 쥐어짜서 아이디어를 내도 인센티브라고 해봐야 건당 5000원 정도 아닙니까? 그것도 대부분 회사 수익 창출에 어느 정도 공헌했는지를 판단 기준으로 한다는데 그 기준 자체도 모호하고, 어차피 경영기획실에선 판매부서 위주로 수익평가를 해줄 게 뻔하고요. 결국 우리 같은 구매부서 직원들한테는 건당 5000원도 그림의 떡이라는 소리죠."

양 과장이 유 부장의 말에 울분을 토하며 동조했고, 김 사원까지 거들고 나섰다.

"맞아요, 우리 구매부서는 정말 찬밥이에요. 싸게 물건을 사와도 인센티브는커녕 나중에 재고로 남으면 그 책임은 번번이 우리가 져야 하니 이게 말이 돼요?"

또다시 재고 문제였다. 재고 문제만 제대로 해결돼도 이 정도는 아닐 것 같았다. 더욱이 지난번 TF팀 회의 때 김 판매 과장에게 당한 걸 생각하면 홍 대리는 아직도 분했다.

"판매부서가 제일 얄밉긴 해요. 매번 총이익을 감소시키는 가장 큰 원인이 재고손실에 있다면서 제조 현장에서의 원자재 손실, 도난에 의한 손실, 훼손, 품질저하에 의한 폐기손실까지 갖가지 경우들을 들먹여 대니……. 사장님도 그래요. 수익이 늘면 그 공은 모두 판매부서로 넘기고, 우리 구매부서한테는 툭하면 과잉재고 문제에 재고관리비용 책임까지 떠안기고요."

부서 직원들의 불만 가득한 얘기를 듣는 유만식 부장의 마음은 편치 않았다. 하지만 불합리한 상황들을 해결할 마땅한 방법이 없었다.

"만약 여러분이 사장이라면 이 문제를 어떻게 해결하겠어요?"

유 부장이 직원들을 둘러보며 질문을 던졌고, 홍 대리는 지금껏 오간 얘기들을 정리하며 대안을 모색해 봤다.

"재고 문제가 가장 큰 것 같아요. 기껏 생산부서나 판매부서의 요청으로 제품을 구입해도 나중에 재고가 쌓이면 책임 소재가 애매해지니까요."

재고는 현금관리 측면에서 본다면 죄악에 가깝다. 현금이 재고에 묶여버리기 때문이다. 또 재고가 많으면 팔지 못해서 버리는 것이 늘어난다. 즉 재고를 최소화하기 위해서는 하나가 팔리면 하나를 만드는 시스템을 정착시켜야 하는데, 이는 구매부서만 잘해서 될 일이 아니었다.

홍 대리가 잠시 생각에 잠기는가 싶더니 뭔가 생각났다는 듯 말을 꺼냈다.

"결국 책임 소재를 확실히 하면 해결된다는 얘기 아닐까요?"

"그러니까 그 책임 소재를 확실히 못 해서 여태 우리가 회사에서 찬밥 신세로 있는 거 아냐? 그걸 어떻게 해야 될지 몰라서……."

양 과장의 말이 채 끝나기도 전에 흥분한 홍 대리는 생각나는 아이디어를 마구 쏟아냈다.

"이를테면, 판매부서가 사내 발주를 한 뒤 생산부서가 생산하도록 해서 남겨진 재고는 판매부서가 책임지게 하는 형식으로 가는 거죠. 그렇게 되면 판매부서는 재고를 최소한만 보유하기 위해 시장동향 분석에 기초해 최대한 정확한 판매예측과 가격예측을 해서 필요한 수량만 적정한 가격으로 제조 부문에 사내 발주를 할 거고요. 어쩔 수 없이 발생하는 재고에 대해서는 판매부서에서 그 책임을 지고요."

"우와! 그거 딱 마음에 든다! 그렇게만 하면 판매부서도 괜히 우리한테 뭐라고 군소리 못 할 거야."

양 과장은 싱글벙글이었지만 유만식 부장은 조심스러운 반응을 보였다.

"꽤 신선한 의견이긴 한데. 우리야 좋긴 하지만 과연 판매부서와 경영기획실에서 이 아이디어를 받아들일지는 모르겠네."

"받아들이느냐 마느냐는 추후 문제고요. 어쨌든 TF팀에 홍 대리님도 들어가 있고, 아직 우리 부서만 아무런 아이디어도 못 내놓고 있는 상황이니 일단은 올려봐야죠."

김 사원의 말에 양 과장이 얼른 맞장구를 쳤다.

"그렇죠. 칭찬을 받든 욕을 먹든 우선 아이디어는 제출은 해야 하니까요."

결국 홍 대리의 아이디어를 TF팀에 제출하기로 결론이 내려졌다.

"이제 보니 우리 홍 대리, 아이디어 뱅크네?"

"뭘요, 회의 때 오갔던 얘기를 취합했을 뿐인데요."

말은 그렇게 대수롭지 않게 했지만 순간 홍 대리는 신선한 기쁨을 느꼈다. 몇 년 만에 일하면서 보람을 느끼는 것인지. 역시 무엇이든 혼자가 아니라 함께해야 하는 것이라는 생각이 들었다. 언젠가 유만식 부장이 회사는 사람들이 모여서 일하는 곳이기 때문에 사람이 회사에서 가장 중요하다고 말했던 것이 기억났다. 사람 인ㅅ자가 작대기 두 개가 서로 기대고 있는 형태인 이유는 사람도 서로에게 기대어 살라는 뜻이라지 않은가?

시간당
부가가치를
높여라!

"머니 바이블 블로그에서
더 많은 회계 꿀팁을 전수해 드립니다."

홍승환 대리는 구매부서 회의에서 자신의 의견이 상당히 긍정적으로 받아들여진 것에 고무되었다.

다만 유만식 부장의 얘기처럼 구매부서 입장에서 생각해 낸 아이디어라 TF팀에 제출했을 때 판매부서로부터 좋지 않은 소리도 듣지 않을까 우려가 되기도 했다. 홍 대리는 우선 전문가인 홍영호 회계사를 만나 아이디어 검토도 받고 조언도 들은 후 의견을 내는 게 좋겠다고 생각했다.

홍 회계사는 구매부서와 생산부서, 판매부서를 각각 독립적으로 운영해 책임 소재를 확실히 하면서 동시에 원가 절감을 이루자는 승환의 얘기를 상당히 놀라워하며 경청했다.

"구매부서에서 많은 커뮤니케이션이 있었던 것 같네요. 방금 홍 대리님이 말씀하신 내용은 관리회계에서 중요하게 다루어지는 부가가치에 대한 것이기도 해요. 사실 TF팀에서 주로 다루고 있는 비용 절감이라는 게 결국은 부가가치를 그만큼 높이자는 뜻이기도 한데, 단순히 구매원가만으로는 구매부서에서 만들어내는 부가가치를 계산하기가 쉽지 않죠. 그러자면 판매가격이 나와야 하는데요……."

어색하게 머리를 긁적이던 홍 대리가 궁금한 얼굴로 조심스레 물었다.

"그런데 방금 회계사님이 부가가치니 판매가격이니 하는 말씀을 하셨잖아요? 그게 정확히 어떻게 우리 부서 아이디어랑 연관이 있는지, 그리고 어떻게 접목이 되는지 이해가 잘 안 되네요."

"아시겠지만 부가가치는 총액 개념이잖아요? 그런데 제 생각으론 비용 절감 아이디어와 연관해서는 시간 개념을 도입해서 시간당 부가가치를 높이는 전략을 쓰는 게 더 나을 것 같습니다."

"시간당 부가가치요?"

홍 대리가 무슨 얘긴지 모르겠다는 듯 되물었다.

"예, 이영달 실장님께서 강조하셨던 것처럼 시간을 낭비하지 않고 최대한 효율성을 높이기 위해 시간 개념을 부가가치에 접목시키자는 거죠."

그제야 홍 대리는 무슨 얘긴지 알 듯했다.

"그러니까 부가가치 총액에 시간 개념을 적용해서 효율성까지 고려해 성과평가를 하자는 말씀이시네요. 흔히 말하는 노동생산성하고도 같은 의미인가요?"

홍 회계사가 고개를 끄덕이며 얘기를 이어갔다.

"매출을 최대로, 경비를 최소로 할 때 그 차액인 부가가치 역시 최대가 된다는 경영 원칙이라고 할 수 있죠. 여기에 시간 개념을 접목시켜서 매출액에서 재료비나 설비기계의 감가상각비 등 노무비를 제외한 모든 경비를 뺀 총부가가치를 총노동시간으로 나눈 1시간당 부가가치를 산출하는 거죠. 이게 바로 시간당 채산제도인데요. 단순히 총액 개념의 부가가치가 아니기 때문에 얼마만큼 부가가치가 늘었는지 좀 더 정확하게 파악할 수 있다는 이점이 있습니다."

홍 회계사의 말은 예리했다. 효율적으로 일하는 것은 능력보다는 잔꾀만 부리는 것으로 인식될 여지가 있었다. 할 일을 모두 마쳤어도 일찍 퇴근하는 것을 좋지 않게 보기 때문에 일이 있든 없든 주변의 눈치를 보며 야근을 해야 하고, 그러다 보니 노동시간이 지나치게 길어 노동생산성이 떨어지는 것이다. 게다가 어차피 야근할 것이라는 생각 때문에 정작 업무시간에는 집중해서 일하지 않는 부작용까지 발생하고 있었다. 야근을 없애고 노동생산성을 올리려면 업무시간 이후에는 회사 일로 문자를 보내지 말라는 규정부터 만들자는 농담 같은 의견도 있었다.

홍 회계사는 제품의 가치를 강조했다. 가치는 고객이 중요하게 생각하는 것을 말한다. 고객이 관심 없는 가치는 아무리 시간과 돈을 투자해도 가격에 반영시키기 어렵다. 생산 쪽에서야 들어간 시간과 원가를 모두 가격에 반영시키고 싶겠지만 고객이 인정하지 않는 가치라면 어려운 일이다. 고객이 어떤 상품의 가격이 비싸다고 느낀다면, 이는 원가 대비 가격을 따지는 것이 아니라 제품의 가치에 비해 비싸다고 하는 것이다. 중요한 것은 낮은 가격이 아니라 가격만큼의 가치를 주고 있는가다. 그러므로 제품 가격은 투입된 비용이 아니라 제품의 가치로 결정해야 한다.

홍 대리는 열심히 노트에 받아 적으면서 머릿속을 정리했다. 부가가치 개념이 어느 정도 이해되자 아까 홍 회계사가 부가가치와 함께 말했던 판매가격 문제에 대해서도 어렴풋이 알 것 같았다.

"결국 회계사님께서 말씀하시는 성과 기준의 핵심은 부가가치에 있다는 것이죠? 그렇다면 우리 구매부서가 창출하는 부가가치를 계산하기 위해선 생산부서나 판매부서에 판매하는 형식으로 판매가격을 정해 계산해야 된다는 건가요?"

"바로 그겁니다! 사내 부서 사이에 판매가격을 정해 구매부서에서 생산한 물건을 판매부서에 판매하는 과정에서 발생한 부가가치를 계산하고, 판매부서는 구매부서에서 물건을 구입해 판매하는 형식으로 부가가치를 계산하는 방식인 거죠. 이때 주의할 점은 매출액에서 노무비를 제외한 모든 경비를 차감한다는 겁니다. 왜냐하면 노무비는 이미 입사할 때 결정되어 있어서 직원들 스스로 결정할 수 있는 사안이 아니기 때문에 절감 효과를 가져오기 힘드니까요."

"시간당 부가가치제도를 도입하면 구체적으로 어떻게 비용 절감 효과를 볼 수 있을까요?"

"우선 부서 간에 정해지는 판매가격도 결국 시장가격에 기초하는 만큼 부서별 성과평가 기준 역시 시장가격의 주인인 소비자에 기초해 정해지게 되죠. 간단히 말하면, 시장가격에 맞춰서 목표원가를 만드는 방식이라고 할 수 있겠네요. 목표가 뚜렷하니 그만큼 원가 절감 노력도 높아질 거고요."

홍 대리는 홍 회계사의 설명을 듣는 순간 머리가 확 트이는 느낌을 받았다. 더욱이 시장가격을 기초로 목표원가를 정하는 방안은 현재 회사 내에서 시행되고 있는 원가 절감 관행의 단점을 극복할 수 있는 대안이었다. 즉, 기존의 경영기획실에서는 과거의 원가를 계산해 전년도 대비 10퍼센트 절감을 목표로 삼고 원가를 낮추라는 지시를 내리는 게 관행이었다. 그런데 생산부서에서 지난 분기에 비해 10퍼센트 낮춘 목표원가를 설정하고 그 범위 내에서 목표치를 달성하더라도, 그 목표치가 1년 전의 과거를 기준으로 정해진 것이기 때문에 현재 시장가격이 수시로 변하고 있는 상황에서는 그다지 큰 효과를 거두지 못하는 경우가 많았다.

"시간당 부가가치 개념을 도입하면 그동안 부서 간의 싸움으로 번지던 재고 문제도 자연스럽게 해결이 되겠네요. 원가 절감 효과도 톡톡히 보고요."

홍 대리는 여러모로 원가 절감 아이디어가 정리되어 만족스러웠다. 산업 전반적으로나 무한유통에서나 부가가치율이 떨어지고 있는 상황에서 부가가치를 높이자는 아이디어는 꼭 필요한 것이었다.

"그러나 여기엔 해결해야 할 중요한 문제가 있습니다."

"어떤 문제인가요?"

"시간당 부가가치를 극대화하자는 점에는 별다른 이의 없이 전 직원들이 동의할 겁니다. 하지만 구매부서에서 생산부서나 판매부서로 판매할 사내 가격을 어떻게 정하느냐에 대해선 말들이 꽤 많을 것 같습니다."

승환은 거기까지 생각이 미치지 못했다는 듯 되물었다.

"그럼 어떻게 해야 할까요?"

"이 문제는 부서 간 커뮤니케이션을 통해 결정하는 게 바람직할 것 같습니다. 제 생각보다 각 부서장들의 현장 경험을 토대로 하는 것이 더 정확할 테니까요."

홍 대리는 홍 회계사의 조언을 바탕으로 구매부서의 원가 절감 아이디어를 다듬어 나가기 시작했다.

드디어 아이디어를 제출하기로 한 날이 다가왔다. 그런데 공교롭게도 사장을 비롯한 판매부장과 생산부장 등 여러 임원진들이 TF팀 회의에 참석하여 홍 대리는 당황스러운 마음을 감출 수가 없었다. 홍 대리의 구매부서 아이디어 발표 전에 판매부서의 원가 절감 안이 토의될 예정이었는데, 가뜩이나 판매부서와 생산부서 간의 대립이 심하던 차라 그 결론이 궁금해 사장 이하 부서장들까지 직접 참석을 하게 된 것이다.

앞서 발표한 판매부서의 아이디어는 매출실적을 올리기 위해 인센티브제도를 도입해야 한다는 내용이 핵심이었다.

"어느 회사고 판매장려금 없는 회사가 없습니다. 영업하는 직원들이 자신의 일처럼 판매하기 위해서는 최소 분기별로는 인센티브를 주는 식으로 인센티브제도를 정착시켜야 하는 거죠. 그래야 매출이 늘고, 그럼 비용 절감에 목을 맬 이유도 자연스레 줄어들게 되는 거고요."

공중택 판매부장이 직접 나서서 다른 회사의 사례까지 들어가며 인센티브제도의 중요성을 강조했다.

박인영 생산부장은 판매부서의 인센티브 아이디어가 못마땅했다.

"하지만 인센티브의 악용 사례도 많습니다. 특히나 회사의 재고나 품질은 고려하지 않은 채 매출만 올리면 된다는 식으로 영업이 이루어질 수도 있다는 점에서 인센티브제도는 표면적인 매출만 늘릴 뿐이지 회사 이익에 그다지 도움이 안 되기도 하고요."

박인영 부장의 반론을 들은 공 부장의 얼굴에는 불편한 기색이 역력했고, 회의실의 분위기는 한층 가라앉았다.

이때 고한영 사장이 나섰다.

"지나친 인센티브 정책은 핵심을 잃고 박 부장 말마따나 인센티브에만 관심을 두게 되죠. 하지만 적절한 인센티브는 동기부여를 줄 수 있으니 일단 긍정적으로 생각해 봐도 괜찮을 것 같습니다."

영업인으로 대기업에서 20년 이상 일해온 고 사장은 인센티브의 장단점을 익히 알고 있었고, 그에 대한 보완책도 생각해 놓은 듯했다.

긍정적으로 생각해 보겠다는 사장의 말에 판매부서의 인센티브제도 도입 방안은 곧 시행될 것 같은 분위기였다. 그러나 박인영 부장은 물러서지 않고 새로운 제안을 했다.

"그렇다면 판매부서에만 국한하지 말고 다른 부서에까지 확대해서 도입하는 건 어떨까요?"

공 부장은 박인영 부장의 말에 어이없다는 반응이었다.

"생산부서에 어떻게 인센티브를 주란 말입니까?"

"판매부서가 매출실적에 따라 인센티브를 받는다면 생산부서는 생산성을 따지면 되지 않겠습니까?"

"생산성이라고요?"

생산성이라면 고한영 사장이 평소 누누이 강조해 온 부분이었다. 가뜩이나 사장이 동석한 자리라 공 부장은 어떻게 대꾸해야 할지 몰랐다. 회의장은 갑자기 찬물을 끼얹은 듯 조용해졌다. 이때, 고한영 사장이 다시 나섰다.

"생산성에 대한 인센티브라…… 좋은 생각이긴 한데요. 적절한 방법이 있을지 궁금하군요."

사장은 직원들의 자유로운 발언을 유도하고자 모든 가능성을 열어두려는 듯했다.

사장의 말에 초조해진 공중택 부장은 해결책을 제시해 달라는 눈빛으로 이영달 경영기획실장을 쳐다봤다. 이에 이영달 실장은 헛기침을 몇 번 하다 공 부장과 박 부장을 번갈아 보며 입을 열었다.

"박인영 부장님의 말씀도 일리가 있습니다. 그런데 하나 문제가 있습니다. 생산성이란 게 정해진 시간 안에 많은 제품을 생산해 내는 걸 말하는 게 아닙니까?"

박인영 부장이 그렇다는 식으로 고개를 끄덕이자 이영달 실장은 잠시 끊었던 말을 이어갔다.

"다들 동의하시겠지만 생산성을 높이는 것 자체는 아주 좋습니다. 하지만 시장의 수요를 고려하지 않고 생산성만 높이다가는 결국 재고만 넘치게 될 수도 있다는 게 문제죠. 이 점이 보완되지 않는다면 창고에 재고를 몽땅 쌓아 놓고도 성과급 잔치를 하게 될 수도 있는 겁니다."

정확한 지적이었다. 생산부서의 생산성이 단편적으로 보기에는 도움이 될 것 같았지만, 판매 상황을 고려하지 않고 생산성만 높였다가는 문제가 심각해질 수 있었다.

공중택 판매부장은 이영달 실장의 의견에 호들갑을 떨었다.

"그것 보세요. 생산부서와 판매부서는 근본적으로 일하는 방식이 다른데 판매부서가 한다고 무조건 따라서 인센티브제도를 시행하려 들면 안 되죠. 업무가 다르면 동기를 부여해줄 해결책도 달라야 하는 거라고요."

대기업 근무 시절 생산부서에 인센티브를 도입했을 때 일어나는 문제점들을 익히 봐왔던 고한영 사장은 경영기획실장과 판매부장의 말에 공감이 간다는 표정이었다.

"이 실장님이나 공 부장의 얘기도 맞습니다. 또 생산부서에 인센티브를 과다하게 지급할 경우엔 재고 문제뿐만 아니라 오히려 생산성보다 더 중요한 요소인 품질이나 반품 등의 처리 문제 등은 소홀한 채 물량만 많이 만드는 방식으로 업무가 흘러버릴 가능성도 있으니까요. 해결책이 나오면 좋겠는데, 다른 의견들은 없나요?"

사장이 직원들을 둘러보았지만 다들 꿀 먹은 벙어리가
되어 있었다.

유보적인 입장이었던 사장까지 우려를 드러내자 박인영
부장 또한 맥이 빠져 더 이상의 반론 없이 침묵을 지켰다.

계획대로 일이 착착 풀려나가자 이 실장과 공 부장이
슬쩍 비밀스러운 눈짓을 교환했다.

"조금 더 짜낼 수 있을 것 같은데요?"

그때 홍 대리가 입을 열었다.

"생산부서에도 판매 과정을 도입하는 건 어떨까요?"

회의실 안의 시선들은 일제히 홍 대리에게 쏠렸다.

"홍 대리, 자네가 낄 자리가 아니야."

공중택 판매부장이 홍 대리를 제지하고 나섰지만, 고한
영 사장이 다시 그런 공 부장을 제지했다.

"공 부장님, 그냥 말하게 놔두세요. 브레인스토밍이라
생각하지요. 회사를 위한 회의인데 직급과 부서를 따지지
맙시다. 많은 의견이 나와야 좋은 의견이 나올 가능성도 높
아지는 법이니까요."

"그래도 말이 안 되지 않습니까? 생산부서에 판매 과정
을 도입하다니, 이게 어느 나라 말입니까? 생산부서에 영
업팀을 두기라도 하겠다는 건가요?"

공 부장은 여전히 홍 대리를 무시하는 투였다.

"그러니까 제 말은, 판매부서처럼 생산부서에서도 판매실적을 고려한다면 기존의 성과평가 방법의 단점들을 해결할 수 있지 않을까 해서요."

홍승환 대리의 말에 회의에 참여한 모든 직원들이 고개를 갸우뚱했다.

"어떻게 하면 생산부서에서 판매실적을 따질 수 있다는 거죠?"

사장은 시종 직원들의 생각을 이끌어내려는 자세를 보였다. 이에 용기를 얻은 홍 대리는 오늘 제출할 자신의 아이디어인 부서별 독립채산제에 대해 설명하기 시작했다.

"기존의 성과평가 방식을 보면 생산부서는 생산성을, 판매부서는 판매실적만을 체크합니다. 하지만 사실상 생산성이나 판매실적보다 더 중요한 건 엄연히 부가가치입니다. 그래서 부가가치 개념을 부서별 성과평가에 반영하기 위해서 부서별 독립채산제 방식을 도입하는 것이 어떨까 하는 겁니다."

"부서별 독립채산제?"

회의실 안이 순간 뒤숭숭해지자, 직원들의 반응에 잠시 머뭇거리던 홍 대리는 깊게 심호흡을 한 뒤 말을 이어갔다.

"구체적으로 말씀드리면, 생산부는 내부 가격을 정해 판매부서에 판매하는 형태로 하고, 거기서 얻어진 실적으로 생산부의 성과를 평가합니다. 반대로 판매부서는 생산부서로부터 필요한 물건을 구입해 판매하는 형식으로 성과평가를 하는 겁니다."

이제야 다들 부서별 독립채산제가 무슨 의미인지 알겠다는 표정이었다.

"그럼 얼마에 판다는 말씀인가요?"

공중택 부장이 목소리를 높이면서 따지듯이 물었다.

역시 이 부분이 가장 큰 문제였다. 사내에서 부서별 독립채산제를 운영할 경우 영업과 제조 사이에 매매가격을 정해야 하는데, 판매부서는 자기 부문의 이익을 높이기 위해 생산부서에서 가능한 한 싸게 제품을 사려 할 것이고 반대로 생산부서는 가능한 한 비싸게 제품을 팔려 할 것이기 때문이다. 그렇게 되면 한 회사 내에서 가격을 정할 때 극심하게 대립하게 되어 오히려 부서 간 갈등만 심화시키는 꼴이 될 수 있었다.

그러나 고한영 사장은 회사의 CEO로서, 20년간 영업을 해왔던 사람으로서 이 문제를 어떻게 해결할지 누구보다 잘 알고 있었다.

"생산부서에서는 판매부서에 판매한 금액의 10퍼센트를 수수료로 지급하면 어때요?"

무한유통은 판매대리점에 판매수수료로 매출액의 10퍼센트를 지급하고 있었다. 즉, 판매대리점에서 1000만 원짜리를 판매하면 매출액의 10퍼센트인 100만 원을 판매수수료로 지급한다. 생산부서에도 판매 과정을 도입한다면 판매부서가 판매대리점과 같은 역할을 하게 된다. 그래서 고한영 사장은 생산부서가 판매부서에 지급하는 수수료로 10퍼센트가 적정하다고 생각한 것이다.

다들 사장의 말에 이의를 달지 않았다. 종전에는 판매수량이나 매출액만을 기준으로 성과평가를 해왔기 때문에 판매부서에서는 접대비 같은 영업비용을 많이 쓰는 경향이 있었다. 하지만 독립채산제로 바꾸면 판매부서는 생산부서에서 받은 판매수수료에서 접대비 등을 뺀 금액, 즉 부가가치를 기준으로 성과를 평가받기 때문에 무조건 판매량만 늘리기 위해 무리한 행사를 하는 행위가 자제될 수 있을 터였다.

이는 생산성을 높여 원가를 절감하는 쪽에만 신경을 써왔던 생산부서에도 좋았다. 생산부서는 매출액에서 판매부서에 지급한 수수료와 생산원가를 뺀 금액, 즉 생산단계의 부가가치를 기준으로 성과를 평가받게 된다. 따라서 생산부서가 부가가치를 높이려면 생산원가 절감뿐만 아니라 매출액이 아주 중요해지므로 고객과 어떻게 가격 협상을 해야 하는지, 수주 동향은 어떻게 될지를 판매부서와 함께 생각할 수밖에 없을 것이다.

결과적으로 생산과 판매가 하나가 되는 경영을 실천할 수 있게 된다는 점에서 고한영 사장은 홍 대리의 아이디어를 매우 흡족하게 받아들였다. 이것은 모든 조직에서 반드시 발생하는 생산과 판매라는 이해관계를 회계로 커뮤니케이션하려고 노력한 결과였다. 원리는 고리타분하고 진부하게 느껴지지만 모든 것의 본질이다. 그렇기에 현장에서 경험하지 않으면 제대로 아는 것이라고 할 수 없었다. 현장의 중요성을 말로 들어 아는 것과 몸으로 겪어 아는 것은 천양지차였다.

홍 대리는 '사내 대체가격'이라는 풀리지 않았던 사안을 고한영 사장이 어렵지 않게 해결하자 가슴을 쓸어내리며 안도했다.

그날 회의에는 의사결정권자 대부분이 모여 있었으므로 특별한 문제가 없다면 이대로 시행되는 것으로 결론이 내려졌다. 회사를 위해 조금이나마 기여한 것 같아 홍 대리는 가슴이 벅차올랐다.

　이후 근무시간 효율성 극대화 방안으로 타임테이블을 작성하라는 지시가 떨어졌다. 부서별 독립채산제는 타임테이블에 의해 근무시간을 계산해야만 실행 가능한 것이므로, 타임테이블 작성은 당연한 수순이었다. 다만 타임테이블을 적용하기 위해서는 제도 자체보다 임직원들의 시간 관리 마인드가 훨씬 더 중요하기 때문에 직원들 스스로 인내와 시간이 필요했다.

　하지만 이영달 실장은 타임테이블 작성을 다른 목적보다 아웃소싱을 위한 수단으로만 생각했기 때문에 직원들을 성급하게 몰아붙이기 바빴다.

　"타임테이블에 일을 많이 했다고 늘어놓기만 하면 뭐 합니까? 웹 서핑하고, 메신저 하고, 잡담하고……. 타임테이블 작성하기 전이랑 후랑 똑같잖아요?"

　불시에 사무실을 시찰하고 온 고한영 사장은 격앙된 표정이었다. 직원들은 항상 '월화수목금금금'이라고 말하지만 사실 따지고 보면 생산적으로 일하는 시간은 적어 낭비되는 시간이 많았다.

　이영달 실장은 머리를 조아렸다. 아웃소싱이라는 큰 그

림을 위해 마련한 타임테이블이었지만 어쨌든 사장에게 이런 식으로 책을 잡혀선 안 된다는 생각이었다.

"아무래도 직원들이 타임테이블에 열심히 일했다고 쓰면 그만이라고 생각하는 게 문제인 것 같습니다. 중요한 건 실제 근무시간을 통해 창출된 아웃풋인데 말이죠."

"그걸 직원들이 모르니 답답한 노릇이라는 겁니다."

때를 살피던 이영달 실장이 기회를 놓치지 않고 얘기를 꺼냈다.

"대기업들도 처음에는 다 이랬습니다. 세상사가 다 그렇듯이 몇달만 고생하면 익숙해질 것입니다. 효율성을 높이기 위한 한 가지 방법을 더 말하자면, 공통비 배부기준을 노동시간으로 바꾸는 건 어떨까요?"

"공통비를 노동시간 기준으로요?"

고한영 사장이 놀라 되물었다.

"예. 공통비를 노동시간 기준으로 각 부서에 배부한다면, 노동시간이 많을수록 부서에 배분되는 공통비용이 커지는 만큼 부서별 이익도 줄어들 겁니다. 또 직원들의 개인별 성과평가 기준도 단순히 노동시간만을 기준으로 하는게 아니라 노동시간 대비 부가가치를 기준으로 한다면 무조건 일한 시간을 늘리려고만 하는 문제도 해결될 거라 봅니다."

"괜찮은 아이디어네요! 그렇게 되면 쓸데없이 근무시간만 늘리려고 하지도 않을 테고, 자연히 비용 절감 효과도 있을 테고요."

그런 사장을 보며 이영달 실장은 속으로 쾌재를 불렀다. 계획했던 대로 공통비를 근거로 성과평가를 단행하게 됐으니 아웃소싱도 본격적으로 추진할 수 있게 된 것이다. 이는 근무시간의 낭비를 줄이겠다는 명분으로 이영달 실장이 타임테이블 작성 건 얘기를 꺼냈을 때부터 이미 계획된 일이었다.

이영달 실장은 애초 타임테이블을 통해 좀 더 확실히 근무시간 문제를 화두로 삼을 심사였다. 그리고 이를 통해 근무시간을 기준으로 공통비를 배부하여, 그 결과로 공통비를 많이 떠안게 될 게 뻔한 생산부서를 회사비용을 많이 낭비한다는 이유를 들어 외주로 돌릴 생각이었던 것이다.

이영달 실장은 슬쩍 입가에 미소를 머금었다. 이로써 그가 그토록 비용 절감에 목숨을 건 목적, 즉 무한유통에 스카우트되었을 때 고한영 사장이 약속했던 '기본 급여와 3년간의 실적을 기준으로 한 플러스알파'도 확실히 보장받을 수 있을 것이다. 물론 공통비 배부기준을 노동시간으로 한다는 비용 절감 방안 역시 대외적으론 홍영호 회계사가 소속돼 있는 컨설팅 회사 이름으로 추진될 테니, 문제가 생기면 책임은 컨설팅 회사가 지게 될 것이고 말이다.

　　이영달 경영기획실장은 사내 공통비 배부기준을 노동시간으로 하겠다고 발표했다. 이영달 실장의 발표 이전까지 홍 대리는 물론 대부분의 직원들은 공통비라는 이름조차 알지 못했고, 당연히 그에 대한 관심도 없었다. 공통비 배분기준 이야기를 듣자 어제 반상회에서 공용비용을 세대별로 부과하는 기준을 두고 논쟁했던 기억이 떠올랐다.

　　사소한 공과금 계산에도 이런 식의 복잡한 의견 대립이 있는데, 회사에서 쓰는 공통비는 그동안 어떻게 계산이 되어왔는지 궁금해졌다. 아파트 관리비 중 세대별 전기료나 수도세처럼 각각의 제품에 들어가는 재료비나 노무비는 곧바로 배분하면 계산이 되지만 엘리베이터 사용료처럼 회사의 각종 기계나 사무실에서 사용되는 전기료 같은 경비는 배분하기가 어렵다.

　　'그렇다면 회사의 공통비는 종전엔 어떤 식으로 나누

어지고 있었을까? 그리고 무슨 불합리한 이유 때문에 배부 방식을 지금처럼 노동시간 기준으로 바꾸었을까?'

이에 관해 회계팀의 이야기를 들어본 적은 없지만, 아마도 종전에 회계팀은 아파트처럼 공통원가를 부서별 생산된 제품 수량이나 직원 수로 나누었을 가능성이 높았고, 그렇다면 205호나 301호의 지적처럼 부당하게 안분되는 경우가 있었을 수도 있다. 제품에 들어간 공통비용이 생산된 제품 수량이나 직원의 숫자에 비례해 늘어난다는 말은 이치에 맞지 않았다.

이영달 기획실장은 왜 무한유통의 공통비 배부방식을 제품 수량이 아닌 노동시간으로 바꾸려고 하는 것일까? 공통비 배부기준을 노동시간으로 하게 되면 직원들이 시간 관리에 철저해지므로 시간당 부가가치를 높여 결국 회사의 역동성을 높여줄 거라는 게 대외적인 이유였다. 하지만 시간당 부가가치가 얼마나 높아질지 구체적으로 수치화시키지도 못한 채 그저 회사의 역동성이라는 모호한 얘기만 하는 건, 평소 정확한 비용 계산과 수치화를 주장해 오던 이영달 실장의 스타일과는 맞지 않았다.

뭔가 찜찜한 기분이 들었다. 이러한 인센티브시스템은 직원들이 일이 아니라 시간에만 집중하게 만드는 부정적

결과를 가져올 수도 있다. 시간당 생산성을 높인다는 말은 단순히 시간을 절약한다는 의미가 아니라, 부가가치가 낮은 시간을 줄여 부가가치가 높은 곳에 투자한다는 의미이다.

그때 떠오른 게 바로 아웃소싱이었다. 비록 노조 측의 반대로 실행을 늦추고는 있지만 이영달 실장은 어떻게든 아웃소싱을 강행할 기세였고, 공 부장은 이영달 실장의 오른팔이나 다름없었다. 그들의 궁극적인 목적은 아웃소싱일까? 홍 대리는 고개를 갸웃거리며 이영달 실장의 의도를 역추적하기 시작했다.

먼저 회사 내 뉴인팩사업부와 인팩사업부의 간접비만 비교해 보더라도, 생과일이나 야채를 통조림 제품으로 포장 가공하는 인팩사업부의 경우는 자가제조시간이 많아 공통비 배부기준을 노동시간으로 바꿀 경우 간접비가 많이 책정된다. 그렇게 되면 뉴인팩사업부에 비해 많은 비용이 들어가는 인팩사업부는 비효율적인 생산부서로 낙인이 찍히니 비용 감소 목적을 위해서라도 자연스레 외주가공으로 돌릴 수밖에 없지 않을까?

결국 이영달 실장은 곧바로 외주로 돌리기에는 노조의 저항이 크니 비용 절감을 이유로 어쩔 수 없이 아웃소싱을 선택할 수밖에 없는 상황을 만드는 걸지도 모른다. 당장은 가만히 놔두고 있지만 그렇다고 인팩사업부의 약점이 사라지는 것은 아니기 때문이다.

눈을 가늘게 뜨고 생각에 잠겨 있던 홍 대리는 자신의 생각을 확신하듯 고개를 끄덕였다. 하지만 어디까지나 개인적인 추측에 불과했기 때문에 이런 생각을 다른 사람에게 드러낼 순 없었다.

가격은 공급자의

'원가'에 맞추는 것이 아니라

고객이 인정하는

'가치'에 따라 정해져야 한다.

– 피터 드러커

**단순해야
절감된다**

제주도의 평균 택배비가 육지보다 6배나 높아서 광주 지역의 유통업체들은 제주 시장 진출을 꺼리고 있었지만, 고한영 사장은 달랐다. 군대 시절을 제주도에서 보냈고 처가가 제주도라서 남달리 제주도에 대한 애착이 있기도 했지만, 집단화만 제대로 된다면 제주 지역의 물류비 문제는 간단히 해결될 거라는 게 고한영의 판단이었다. 특히 물건을 주문하다 '제주도 배송 불가'라는 문구를 볼 때마다 제주도가 자본주의에 의해 차별을 받는다는 생각이 들어 화딱지가 났다. 제주에서도 서울처럼 배송받지 못하는 물건은 없어야 한다는 것이 고한영 사장의 생각이었다. 제주로 들어가는 화물차 유휴 공간의 30퍼센트는 빈 상태였다. 유

휴 공간은 곧 틈새시장을 의미했다. 물류에 공간 비즈니스 개념을 도입하려는 것이 그의 생각이었다.

물류비 절감을 위해 고한영은 배송에 필요한 포장 상자를 연구해 왔고 그 결실을 목전에 두고 있었다. 이번 친환경 포장 상자는 친환경 재료를 쓰면서도 충격과 진동을 흡수하는 구조로 만들었다. 기존에는 냉장고나 세탁기 등을 스티로폼 재질의 충격 흡수재로 감싸고 두꺼운 종이 상자에 포장해 보내는 것이 일반적이었다. 그래서 대부분의 대형가전제품을 배송받으면 커다란 종이 상자를 뜯고 스티로폼을 벗겨내는 것도 번거로웠고, 배송 후에 쓰레기 버리는 일도 만만치 않은 작업이었다. 그러나 무한유통에서 개발한 포장 상자는 가벼운 플라스틱으로 만들어서 수십 번은 다시 쓸 수 있는 단일 포장재로, 작업시간도 종전의 20퍼센트로 줄일 수 있었다. 종이 사용을 획기적으로 줄여 연간 10만 그루의 나무를 심는 효과를 내는 친환경 포장재인 데다가 유통물류비까지 줄일 수 있었다. 제품의 이런 장점들 때문인지 벌써 제주에서 주문이 오기 시작했다.

주문자가 리베이트를 요청하고 있어서 조건이 마음에 들지는 않았지만 제주 시장 진출의 교두보라는 점을 무시할 수 없었기에 결국 잠정적이긴 하지만 계약하는 쪽으로 마음을 먹게 됐다.

정식 계약에 앞서 고한영 사장은 이영달 실장 이하 각 부서의 부서장들을 소집해 회의를 열었다. 가장 큰 걸림돌인 가격 문제를 어떻게 해결할지에 대한 의견을 모아 숨은 1퍼센트의 이익을 찾기 위해서였다. 가격을 올리면 이익은 커지지만 판매량이 줄어들고, 가격을 낮추면 판매량은 늘어도 이익이 줄어든다. 이런 이익과 판매량 간의 상충되는 면을 고려해서 가장 이익이 극대화되는 가격을 결정하는 것이 정석이었다. 그런데 이미 계약가가 정해진 상태여서 수익을 내기 위해서는 포장 상자의 원가를 낮추는 방법밖에 없었는데, 제주 지역 대리점 협회 측에서 포장 상자를 기존의 것보다 약간 두껍게 만들어달라는 요구까지 해온 상태라 원가를 낮추기는 더욱 힘들게 됐다. 앞으로도 가격은 산술급수적으로 늘어나지만 원가는 기하급수적으로 늘어날 것 같아 이영달 실장과 부서장들도 이번 계약 건에 대해 우려하는 입장이었다.

더욱이 홍 회계사의 지적처럼 이번 계약은 단순히 제주 지역 건으로 한정되지 않을 여지가 많았다. 포장 상자를 4만 원에 구입하는 광주 지역 거래처가 제주 지역에서는 2만 원에 같은 물건이 판매된다는 사실을 알게 되면 어떤 클레임을 걸어올지 알 수 없었다. 게다가 이 가격으로 한 번 계약을 맺은 제주 지역에서 나중에라도 제 가격으로 올려 받으려 하면 그게 받아들여질지도 미지수였다.

"기존의 포장 상자보다 조금 두껍게 포장 상자를 만든다면, 이는 엄연히 새로운 포장 상자와 마찬가지인 만큼 당연히 제품단가를 올려야 합니다."

박인영 생산부장의 발언에 공중택 판매부장이 반대하고 나섰다.

"다른 포장 상자 가격이 2만 원밖에 안 되는데 우리 포장 상자 가격만 4만 원 이상이라면 어떻게 영업이 가능합니까? 가격경쟁력이 없잖아요!"

그러나 박인영 부장의 생각은 달랐다.

"기존의 포장 상자보다 훨씬 좋은 질의 제품인데 왜 경쟁력이 없습니까? 제품이 좋은데 더 높은 가격을 받지 못한다는 건 영업력의 문제 아닙니까!"

고한영 사장도 진정한 상인은 많이 파는 것보다 비싸게 팔 수 있어야 한다고 믿고 있었다. 가격경쟁은 품질에 자신 없는 회사에서나 하는 선택이라는 게 평소 지론이었기 때문이다. 베블런이 주장했던 과시 소비처럼 사회적 평판과 체면을 중요시하는 인간의 심리나 사람들의 소득이 올라가면 좀 더 비싼 상품을 사려는 욕구도 가격을 올리기 위한 수단이었다. 좋은 비싼 상품에는 좋은 포장재를 사용하기 마련이라는 인식 때문에 '가오' 역시 중요한 요소였다. 이는 오히려 가격을 올리는 기회로 작용하기도 했다.

그러나 공중택 판매부장의 생각은 정반대였다.

"생산부서나 구매부서는 좋은 물건을 만든다고들 생각하지만, 실제 영업현장에 나가보세요. 고객들은 우리 회사 물건이 좋다는 걸 알지도 못하고, 인정하지도 않습니다."

"판매부장님, 그게 무슨 말입니까? 우리 제품은 광주에서 최고의 품질을 자랑합니다. 그런데 고객들이 그걸 인정하지 않다니요? 그러면 대기업들은 어떻게 가격을 그렇게 잘도 올립니까?"

박인영 부장은 흥분하여 숨을 몰아쉬었다. 영업자 출신인 고한영 사장은 공중택 판매부장의 말을 이해했지만, 신경이 날카로워져서인지 공 부장은 의도한 바를 제대로 전달하지 못했다. 대기업은 잘 팔리는 품목은 가격을 올리고 잘 팔리지 않는 품목은 가격을 올리지 않아 인상 품목의 수가 적다는 인식을 심는 방법으로 소비자를 현혹하기도 한다. 또한 원재료비가 오르면 그때를 인상 기회로 잡아 가격을 더 올리고, 다시 원재료 가격이 떨어져도 판매비와 관리비가 올라서 불가피하다는 식으로 가격을 내리지 않는다.

고한영 사장도 이런 대기업들의 방법을 알고는 있었지만 윤리적인 면에서 허용하지 않았다. 허용한다 하더라도 중소기업이 따라 할 수 있는 방법은 아니었다.

"판매부장이 우리 제품의 품질을 깎아내리려고 한 말은 아닌 것 같습니다."

고한영 사장은 공 부장과 박 부장의 얼굴을 번갈아 보며 차근차근 말을 이어나갔다.

"공 부장 발언의 요지는, 품질이 좋더라도 고객들이 품질에 상응할 정도의 돈을 지불할 의사는 없다는 것이겠지요. 포장 상자 같은 소모적인 물건은 질보다는 가격이 더 우선되고, 따라서 손님들도 품질에는 별 관심을 두지 않으니 양질의 제품을 만든다고 가격을 올리기보다는 제품의 질은 그대로 두고 가격을 낮추는 편이 수익성을 더 높일 수 있다는 얘기일 겁니다."

공 부장은 자기가 하고 싶었던 얘기가 바로 그거라는 듯 고개를 끄덕였고, 이에 동조하듯 이번엔 이영달 실장이 한 수 거들었다.

"사장님 말씀이 맞습니다. 박인영 부장은 홍영호 회계사께서 보내주신 원가보고서도 안 읽어보고 회의에 들어

온 것 같군요. 보고서에도 이렇게 적혀 있지 않습니까? '가격은 원가에 마진을 더해 계산하는 것이 아닌 시장에 있는 고객이 정하는 것이며, 또한 고객은 항상 우리 경쟁회사 제품의 가격과 비교를 하기 때문에 경쟁회사 가격을 함께 고려해야 합니다.'"

비가 올 때 우산 가격이 올라가는 것처럼 가격은 제품의 원가가 아니라 고객이 생각하는 제품의 가치에 의해 정해진다는 것은 사실이었다. 박인영 부장은 원가가 너무 높아도 문제지만 너무 낮아도 문제라고 생각하고 있었다. 하지만 더 이상 어떠한 대꾸도 하지 못한 채 입을 다물었다.

회의 분위기는 '가격은 우리가 정하는 게 아닌 만큼 수익을 조금이라도 더 내기 위해서는 원가를 낮추는 방법밖에 없다'는 쪽으로 기울었다. 이영달 실장은 목표이익을 매출의 30퍼센트로 설정했기 때문에 목표원가를 70퍼센트로 이하로 줄이는 계획을 이미 세워놓고 있었다.

이제 정해진 가격에 맞춰서 원가를 줄이는 방법에 대한 새로운 의견들이 논의될 차례였다. 하지만 여기에도 어려움이 있었다.

원가 얘기가 나오자 이내 회의는 포장 상자에서 그동안 누적되어 온 원가 문제에 대해 토로하는 장으로까지 확대

됐다. 포장 상자의 원재료뿐만 아니라 기존 거래 물품의 원가가 너무 많이 올랐고, 연초에 이미 납품단가를 정해놓아 원가상승분이 제품단가에 반영이 안 된다는 등의 문제점을 지적하더니, 결국 화살은 구매부서를 향했다.

"구매 쪽에서 원자재를 너무 비싸게 사오는 게 가장 큰 문제입니다. 구매부서 사람들은 원가 개념 없이 그저 조달하기 편리한 대로 구매합니다. 구매한 장갑만 보더라도 종류도 너무 많고 가격도 제각각입니다. 서둘러 조치해야 합니다."

공 부장은 날카롭게 유만식 구매부장을 향해 쏘아붙였고, 유 부장은 무슨 말을 하려다 말았다.

이때 이영달 실장이 나섰다.

"공 부장 얘기가 맞습니다. 다른 업체의 구매부서들을 보면 요즘 육지다 해외다 두루두루 다니면서 더 싼 원자재를 구입하려고 난리라는데, 우리 구매부는 너무 안일하게 광주 시장에만 얽매여 있으니 비용 절감이 될 턱이 있습니까! 경비 절감을 위해서는 구매 프로세스를 바꿔야 합니다."

유만식 부장은 죄지은 사람마냥 고개를 떨구었고, 그에 비례해 이영달 실장의 목소리에는 더욱 힘이 실렸다.

"비용 절감이라고 하면 흔히들 판매비나 관리비용 절감을 위주로 생각하는데, 판매촉진비용이나 소모품비를 절약해 봤자 실제 절감되는 금액은 미미합니다. 오히려 중요한 건 구매비용이죠. 유만식 부장, 회사 총비용의 몇 퍼센트 정도가 물품과 용역구입비로 지출되는지 아십니까? 지금 인팩사업부 같은 경우는 원가의 80퍼센트 정도가 원재료비입니다. 아시겠어요!"

이영달 실장의 지적은 정확하게 핵심을 찔렀다. 원가 측면에서 본다면 제품 원가에서 큰 비율을 차지하는 구매가 가장 중요했다. 이익률이 5퍼센트일 경우 구매부서가 100억 원의 비용을 절감한다면 영업부서가 2000억 원의 매출을 올리는 효과가 있다. 그래서 글로벌 기업들은 비용이 많이 발생하는 곳인 구매부서에 우수한 인재를 배치하고 비용 절감을 주도한다. 또 모든 원재료에 대해 꼭 그 원료를 써야 하는지, 비용을 절감할 수 있는 대체품은 없는지를 꼼꼼히 따진다.

이런 사실을 잘 알고 있는 이영달 실장의 설명은 강하고 설득력이 있었다. 이영달 실장은 이미 구매비용의 장기적인 추세를 분석하고 다른 회사와 비교도 해본 상황이었다. 너무 많은 납품처에서 구매를 해온 것을 지적하며 납품

회사 수를 줄이면 대량구매 효과를 볼 수 있다는 지적도 했다. 오래 거래했다는 이유로 납품단가를 낮춰볼 노력조차 안 해봤다며 수의계약보다 입찰 방식을 통해 납품단가를 떨어뜨리도록 종용했다. 구매도 통합 구매를 하도록 일원화하면 커진 구매력 덕에 가격 협상력이 생겨 원가가 절감된다는 주장도 했다.

유만식 구매부장은 입을 달싹이며 반론을 제기하려는 듯하더니 또다시 굳게 입을 다물었다. 최근 원자재 가격상승은 주요 원자재 생산국의 내전으로 인해 글로벌 공급망이 교란되어 발생한 것으로, 사실상 중소기업에서 관리할 수 있는 능력 밖의 문제였다. 팔면 팔수록 손해가 나는 초유의 사태에서 인근 중소제조업 사장이 임금 체불과 거래대금 미지급 등 사기 혐의로 구속되는 상황이 발생했다. 손실이 걷잡을 수 없게 커지자 야반도주하는 사장도 있었다. 이런 상황 속에서 그나마 무한유통은 선방하고 있다고 생각했는데 다른 팀의 생각은 달랐던 것이다.

이영달 실장의 말은 정확했지만 농가들을 희생시켜 회사 이익만 추구하는 것은 유만식 부장의 스타일이 아니었다. 농가 사람들은 자신들보다 더 가난한 사람들이다. 진짜 원가 절감은 내 마진에서 줄여나가는 것이지 그들에게 희생을 강요하는 것이 아니었다. 불황에 이익이 줄었으니 원가 절감을 통해 줄어든 이익을 챙기겠다는 것은 매출이 줄어도 내 이익은 똑같이 가져가겠다는 생각인데, 유만식 부장은 그런 자본주의 사고에 동의하지 않았다.

박인영 생산부장은 이영달 실장이 인팩사업부를 언급하자 안 되겠다 싶었는지 유 부장을 대신해 나섰다.

"대량구매를 해서 구매비용을 줄이라고 하셨는데, 대량으로 구매한 물건을 못 팔면 그게 다 재고로 남는 거 아닙니까? 그렇게 되면 재고에 현금이 묶이는 꼴이 됩니다. 결국 구매비용 줄이려다 재고만 쌓아두는 사태가 일어날 수도 있는 노릇이니 무조건 구매비용 절감만 주장해도 안 되죠."

박 부장의 발언은 적절한 것이었고, 재고 문제에 관한 반론을 제기할 수 없었던 이 실장과 공 부장은 헛기침만 연발했다.

유만식 부장은 부서 간의 의견 차이를 지켜볼 수밖에 없었다. 지금껏 오간 얘기들 중 어느 하나 틀린 말이 없었지만, 모두들 상대방이 아닌 자신들의 입장에서만 말하고 있었다.

잠시 생각에 잠겨 있던 유 부장은 머릿속으로 홍영호

회계사를 떠올렸다. 홍 회계사가 오는 것은 한 달에 한두 번 정도이긴 하지만, 이메일이나 전화를 통해 홍 대리와 계속 연락을 하고 있었다. 그래서 유 부장은 홍 대리를 통해 원가 절감에 대한 홍영호 회계사의 생각들을 접할 수 있었다. 홍 회계사는 개개인의 부서 이기주의를 넘어 회사 차원에서 소통이 되지 않는다면 원가 절감은 영원히 이루어질 수 없다고 했다. 그 말은 사실이었다. 원가 절감만 생각해 물건을 구매하게 되면 질이 떨어지는 원재료를 사오게 될 것이고, 이는 회사 브랜드 손상과 그에 따른 엄청난 수익 감소를 가져올 수도 있다. 결국 눈앞에 보이는 이익보다는 좀 더 넓은 시야로 원가 절감 방안을 찾아야 했다. 유만식 부장은 머릿속으로 그 방안을 찾으려 골몰하는 중이었다.

"외관 디자인을 더 단순화하면 어떻겠습니까? 모든 것은 단순화하면 명료해지는 법인데요."

이제껏 침묵을 지켜온 유만식 부장이 갑작스레 디자인 문제를 거론하자, 다들 놀라는 표정이었다. 재료를 아끼지 않고 사용해야 맛있는 음식이 나온다고 생각하며 이것만은 원가 절감과 타협하지 않겠다는 신념을 갖고 있던 유 부장이었기 때문이다. 하지만 유 부장은 이에 개의치 않고 자신의 생각을 말했다.

"고객에게 가야 할 재료를 줄인다는 것이 아닙니다. 중요한 것은 재료에 대해 충분히 생각하고 지혜롭게 관리해야 한다는 겁니다. 우선 쓸모없는 것을 빼는 것부터 시작해야 합니다. 그리고 동일한 기능을 내는 더 싼 재료를 찾을 수 있다면 찾아내야 합니다. 환경까지 고려해서 생분해 소재 플라스틱을 개발하고 있으니 라벨을 없애고 포장재 경량화를 추진합시다. 포장재를 덜 사용하니까 원재료비도 줄고 환경까지 고려할 수 있습니다."

상품 디자인이나 기능을 단순화해서 원가를 낮추면 되지 않겠냐는 얘기였다. 원가 절감은 중요하지만 제품의 가치를 떨어뜨리지 않는 것이 전제조건이었다.

잡동사니를 버리고 필요한 것으로만 채우자는 유만식 부장의 의견에 박인영 생산부장이 고개를 끄덕였다.

"유 부장 말에 동감합니다. 결국은 똑같은 기능을 하면서 가장 싼 원가로 생산해 내는 게 핵심인데, 이미 책정된 원재료비를 줄일 수 없다면 디자인을 단순화해 포장원가를 최소화하는 것도 방법이 될 수 있죠. 그리고 저희 생산부서에서 생산성을 높인다면 그만큼 단위당 고정비도 줄일 수 있을 겁니다."

재료의 사용량을 줄이기 위해 디자인 단계부터 고민하

는 것은 필수 불가결한 절차였다. 제품의 설계가 끝나면 원가 절감의 여지가 제한되기 때문이다. 단순하고 표준화된 플랫폼을 이용하면 외관이나 기능이 다른 다양한 신제품도 빠르게 만들 수 있다. 꼭 필요한 기능만 추구하고 고객이 가치를 두지 않는 불필요한 기능은 모두 제거해야 가격을 낮추는 일이 가능해진다. 사실 어떤 기능이 필요한지 아닌지는 고객이 결정하는데, 그동안 회사에서는 개발자가 보기에 필요할 것이라고 생각하고 만들었던 경우가 훨씬 많았다.

한편 설계가 자꾸 변경되면 설계변경에 따른 외주 수수료가 증가하기 때문에 설계변경률 상한제를 도입하여 설계변경 때는 심의를 하기로 제안했다. 다들 수긍하는 분위기였다. 사실 아무리 개성이 강하고 다양한 제품을 원하는 시대라고 하더라도 모든 사람을 만족시키기 위해 내놓은 제품이나 디자인, 기능들이 비용을 늘리고 있기 때문이었다. 다양성은 피로가 되어갔다.

"어떤 심리학자가 말하기를 인간 사고의 가장 큰 장점이 생략의 기술이라고 합니다. 쓸모없다고 생각되는 기능들을 감각적으로 제거해서 최선의 수를 찾아봅시다. 불필요한 기능을 줄이면 의미있게 제품의 본질을 경제적으로 누릴 수 있을 겁니다."

　말은 이렇게 했지만 고한영 사장의 머릿속에서는 '앞으로 계속 이런 식으로 가격경쟁을 하는 게 과연 경쟁력이 있을까?'라는 생각이 맴돌았다. 중소기업으로서 대기업과 가격경쟁을 한다는 건 여러모로 불리한 점이 많았다. 하지만 불리하다고 피할 수는 없으니, 회사 문을 닫기로 결정하지 않는 이상 당장은 가격경쟁을 하지 않을 수 없었다. 대형 유통업체를 대상으로 거래하는 무한유통 입장에서는 유통업체에서 정한 가격에 납품을 해야 하고, 그러다 보면 원가를 가격에 맞출 수밖에 없었다. 결국 수익을 남기기 위해선 정말 핵심적인 제품 기능을 빼고는 부가적인 건 모두 버려야 하는 상황이었다.

　기존 무한유통의 디자인은 대학에서 디자인을 전공한 경영기획실 직원이 맡아왔다. 하지만 기획업무와 디자인 업무를 동시에 하는 식이니 전문성이 떨어졌고, 몇 년 전의 디자인들을 그대로 사용했기 때문에 특별히 디자인 업무라고 할 것도 없는 실정이었다. 하지만 이번은 상황이 달랐다. 원가 절감 방안을 위한 새로운 디자인이 필요했다. 고한영 사장의 지시로 디자인 부서가 별도로 만들어졌고, 기존 담당 직원에겐 수석디자이너 직함까지 붙여주었다.

회사의 급박한 필요와 디자인만 전담하게 된 수석디자이너의 노력에 힘입어 다행스럽게도 얼마 안 있어 그 효과가 나타났다.

"제대로 된 디자인이 아니었죠. 소비자를 배려하지 않은 디자인이 문제입니다. 저는 물건을 살 때 포장을 뜯기가 어려워 보이면 계산대 직원에게 뜯어달라고 요청하곤 합니다. 그러면 잘된 포장인지 잘못된 포장인지 금방 알 수 있죠. 제가 디자인을 맡는 한 매년 포장재를 5퍼센트씩 줄이려고 합니다. 이산화탄소 배출량 절감은 물론이고 포장 뜯기도 훨씬 쉬워지겠죠. 플라스틱은 아예 쓰지 않을 계획입니다. 진열 제품은 최소로 하고 실제품은 계산대 뒤에 보관해서 포장재 사용량을 줄일 겁니다. 재활용 가능한 포장재를 사용하고 클램셸 포장의 대안을 계속 개발할 거예요. 외관 디자인은 단순화할 겁니다. 물론 최우선은 포장을 개봉하는 사람의 안전입니다."

수석디자이너도 단순한 디자인에 초점을 두고 있는 모양이었다.

"한 번 쓰면 버리는 포장 상자 디자인, 누가 신경이나 씁니까?"

고한영 사장과 수석디자이너가 동석한 자리에서 이영달 실장이 툭 내뱉듯 말했다. 회사 경영을 자신에게 전임한다고 약속했던 고한영 사장이 포장 상자 디자인까지 간섭하고 나서자 불편한 심기를 드러낸 것이다.

하지만 그런 이영달 실장의 말은 디자인을 하는 사람에겐 자존심을 건드리는 발언이었다. 불퉁해진 얼굴로 수석디자이너가 이영달 실장에게 대꾸했다.

"이번 포장 상자는 한 번 쓰고 버리는 것이 아니라 최소 40번을 사용할 수 있도록 만들 예정입니다. 우리 걱정만 할 게 아니라 지구 걱정도 해야 하니까요."

수석디자이너는 우선 조사한 자료에 대해 설명하면서 디자인 방향을 잡아나가려 했다.

물건이든 서비스든 까다롭게 해서 소비자들을 헷갈리게 만들어서는 곤란하다. 단순화, 핵심화, 규격화로 연결되는 쉬운 상품, 쉬운 물건이 소비자들에게 상품의 가치를 높이는 법이다. 그러려면 단순한 게 좋은데, 지금의 상황은 괜히 단순한 것을 복잡하게 만들어 돈 낭비에 포장 상자 이미지까지 망가뜨리고 있는 꼴이었다. 잘되는 식당에 메

뉴 수가 많지 않은 것도 그런 이유에서였다. 결국 원가 절감의 가장 기본이자 핵심은 단순함에 있었다.

처음엔 디자인 전담 직원을 두자는 말을 하면서도 어떤 결과가 나올지 반신반의했는데 기대 이상의 성과가 나오자 고한영 사장도 흡족해하는 눈치였다. 디자인팀을 따로 두고, 담당 직원에게 수석디자이너라는 호칭까지 붙여주며 디자인에 전념하도록 하니 동기부여가 된 모양이었다.

수석디자이너가 사장실을 나가자 기다렸다는 듯 이영달 실장이 입을 뗐다.

"우리 걱정하기도 바쁜데 지구 걱정이라니 참 한가한 소리 같습니다."

"친환경 소재를 사용한다는 것은 최근 ESG경영과도 맞는 것이고 단순화는 원가 절감의 목표입니다. 디자인 부서에서는 농림축산식품부로부터 녹색기술 인증을 획득한 포장재도 적용한다고 하네요. ESG에 투자를 하면 반드시 좋은 날이 올 겁니다."

"디자인이나 가격 문제도 있지만, 그 외에 여유 생산 설비 같은 거시적 문제도 있습니다. 본격적으로 포장 상자 사업을 시작하면 기존 월드마트의 납품 물량을 축소하거나 신규 설비를 제주도에 추가해야 하는데, 좀 더 시간을 갖고 준비하는 게 낫지 않을까요?"

　　이영달 실장은 너무 성급하다는 이유로 신규 비즈니스 추진을 반대하고 나섰다. 그러나 제주도 비즈니스에 대한 진심 어린 걱정보다는 사장의 비즈니스 계획으로 자신의 입지가 줄어들지 않을까 하는 우려가 본심이었다. 물론 처음엔 무한유통의 내부 경영을 장악할 수 있는 기회라는 생각에 사장의 제주 진출을 반겼다. 본격적으로 제주 지역에 진출하기까지도 적잖은 시간이 소요될 거라 예상했다. 그러던 차에 포장 상자 계약 얘기가 나오자 이영달 실장은 바짝 긴장하지 않을 수 없었다. 무한유통이 제주 시장에 집중한다면 광주 지역 경영을 전담하는 자신의 입지가 흔들릴 수도 있겠다는 생각이 든 것이다.

　　"신규 사업에서 성공할 가능성은 라스베이거스에서 도박해 이길 승산보다도 낮습니다. 홈런을 치겠다고 무조건 수없이 방망이를 휘두르는 식으로 무분별한 성장을 추구하기보다는 철저한 사전 준비가 이루어진 후에 신규 사업에 진출하는 게 현실적으로 훨씬 더 지혜로운 거죠. 굳이 기존 매출이 타격을 입을 것을 감내하면서까지 신규 비즈니스를 창출할 필요는 없지 않습니까?"

　　이영달 실장의 의견에 고한영 사장 또한 어느 정도 동

감했다. 신규 비즈니스를 한다면 제주 지역에 설비를 늘려야 할 것이고, 그에 따라 광주 지역 시장에 소홀해지거나 혹은 어느 정도 기존 매출을 포기해야 하는 사태가 발생할 수도 있다.

한편, 이영달 실장은 생각에 잠긴 고한영 사장의 얼굴을 보며 자신이 궁지에 몰리는 상황이 올지 모른다는 생각이 들었다. 무한유통이 제주 지역에 집중하느라 광주 지역의 매출이 떨어지면 그 지역의 경영실적은 전적으로 자신의 책임이기 때문이다.

고한영 사장이 생각을 정리한 듯 입을 열었다.

"신중하면서도 기회가 왔을 때 잡아야 하는 게 사업하는 사람의 자세입니다. 비록 당장 약간의 손실이 있다 할지라도 미래의 성장을 위해 그 정도는 감내해야겠지요."

성장만이 살길이라는 고한영 사장의 믿음은 확고부동했다. 이영달 실장은 제주도에 신규 설비를 투자하겠다는 사장의 결심 앞에 애써 불편한 기색을 숨겨야 했다.

이영달 실장의 우려에도 불구하고 고한영 사장은 자신

의 의지대로 포장 상자 사업을 추진해 나갔다. 고한영 사장 주재하에 광주 지역의 포장 상자 사업에 대한 철저한 시장 분석을 하면서 연일 회의가 이어졌다.

포장지 문제가 해결되자, 오늘은 포장 상자 생산과 포장 방식에 대한 문제가 집중적으로 논의되었다.

"우리가 만드는 포장 상자 원가가 어떻게 되죠?"

고한영 사장은 본격적인 회의에 앞서 원가에 대한 사항을 다시 짚었다.

"소형은 1만 4000원 정도입니다. 판매가는 4만 원이니 소형 하나를 팔면 2만 6000원이 남는 셈이고요."

이영달 실장은 홍영호 회계사가 준비해 준 보고서를 근거로 포장 상자 원가 분석에 대한 설명을 차근차근 이어 나갔다.

"원가 1만 4000원을 분석해 보면 원재료와 같은 변동비가 6400원이고, 나머지 7600원은 인건비나 감가상각비 같은 고정비입니다."

그때 공중택 판매부장이 뭔가 생각난 듯 말했다.

"소형 사이즈 하나만 판매한다는 건 시장을 몰라도 너무 모르는 말입니다. 일반 소형 제품만 배송한다면 소형 사이즈도 괜찮지만, 사실 주 고객 중 상당수가 대형 제품을 취급한다는 점을 고려한다면 사이즈를 좀 더 크게 하는 게 어떨까 싶은데요."

그렇게 해서 결국 포장 사이즈는 제품 크기에 따라 소형, 중형, 대형, 이렇게 세 가지 사이즈로 생산하기로 결정이 내려졌다.

이제 가격을 어떻게 정하느냐 하는 문제가 남았다.

가격 이야기가 나오자 이미 이영달 실장과 협의를 끝낸 공중택 판매부장은 결정된 가격을 마치 통보하듯 보고했다.

"용량에 따라 소형의 경우 4만 원, 중형은 4만 5000원, 대형은 5만 원으로 각각 5000원씩 가격 차이가 발생하도록 정했습니다."

박인영 생산부장은 이해할 수 없었다.

"소형 사이즈와 대형 사이즈의 용량이 두 배나 차이가 나는데 가격은 만 원밖에 차이가 안 난다는 건 뭔가 문제 있는 것 아닙니까?"

박인영 생산부장으로선 공중택 판매부장이 제품가격을 낮게 책정해 매출을 확대하려 한다고 볼 수밖에 없었다. 그러나 공 부장은 나름 그 부분에 관해 치밀한 준비를 마친 듯 도리어 박 부장에게 질문을 던졌다.

"용량 단위당 가격을 보자면, 소비자는 당연히 대형 사이즈를 사는 게 유리합니다. 그렇지만 우리 회사 입장에서도 대형 사이즈가 소형 사이즈보다 이익입니다."

공 부장의 기세등등한 말투에 박 부장은 순간 꿀 먹은 벙어리가 됐다. 저렇게 공 부장이 자신 있게 나오는 걸 보면 무슨 함정이 있는 듯했다. 잘못 답변을 했다가는 전체 임원이 모인 자리에서 망신을 당할 수도 있다.

상식적으로 제로섬게임에 근거해 소비자의 이득은 회사의 손실을 의미한다고 할 수 있다. 그러니 소비자들이 대형 사이즈를 구매한다면 회사의 입장에선 당연히 손해가 아닐까? 그렇다면 애초 사이즈를 다양화하지 말고 종전대로 소형 사이즈로만 생산하는 편이 낫지 않을까?

박인영 부장이 이런저런 생각을 하면서 선뜻 말을 못 꺼내고 있는 사이 공 부장은 말을 이어갔다.

"만약 대형 사이즈를 판다면 수입은 판매가격인 5만 원이겠죠. 근데 이때 대형 사이즈 생산에 들어간 비용은 얼마일까요? 용량이 소형 사이즈의 두 배니 소형 사이즈의 원가 1만 4000원의 두 배인 2만 8000원일까요?"

여기까지 들은 박인영 부장은 더 이상 공 부장의 페이스에 말려들지 않겠다는 듯 대꾸했다.

"그렇겠죠. 1만 4000원의 원가로 만든 소형 사이즈를 4

만 원에 팔 때 2만 6000원의 이익이 생기는 것처럼, 대형 사이즈를 팔 때는 소형 사이즈의 두 배인 2만 8000원의 원가로 5만 원의 매출을 거둔 셈이니까 이익이 2만 2000원밖에 안 되겠죠. 결론적으로 소형 사이즈보다 오히려 이익이 4000원 줄어들게 되니 우리 회사 입장에선 차라리 소형 사이즈만 파는 게 유리한 거 아닙니까?"

박인영 생산부장은 잔뜩 언성을 높여 말했다. 그러나 공중택 판매부장은 이에 전혀 흔들리지 않고 입가에 옅은 미소까지 띤 채 차분하게 응수했다.

"제로섬게임으로 접근하면 박 부장님처럼 소비자의 이익은 기업에게는 손해가 된다고 생각하기 쉽겠죠. 하지만 현실은 전혀 그렇지 않습니다. 조금만 깊이 생각해 보면 대형 사이즈를 파는 게 우리 회사에도 이익이라는 사실을 금방 알 수 있을 겁니다."

공 부장의 얘기가 맞았다. 생산부서에서 소형 사이즈를 포장하든 대형 사이즈를 포장하든, 용량이 두 배로 늘어도 생산부서에서 포장하고 배송하는 데 걸리는 시간은 달라지지 않는다. 즉, 사이즈를 두 배 키워서 추가되는 비용은 포장 상자 원재료 가격에 불과하며, 포장 상자 크기가 두 배 커진다고 해서 직원이 두 배로 필요한 것도 아니고 공장이 두 배로 늘어날 필요도 없다. 즉, 대형의 크기가 소형 사이즈의 두 배라고 해서 원가도 두 배 높은 건 아니라는 말이었다.

이영달 실장과 눈짓을 교환한 공 부장은 추가 자료를 회의 참석자들에게 전달했고, 기다렸다는 듯 이영달 실장이 나서서 보충 설명을 해나갔다.

"방금 나눠드린 자료는 사이즈별 원가계산 결과입니다. 보면 아시겠지만 용량이 두 배 늘어난다고 원가가 두 배로 늘어나는 것은 아닙니다. 용량에 따라 원재료는 두 배 더 들겠지만, 직원이나 사무실은 그대로 쓰기 때문에 고정비는 변동이 없고 원재료비만 두 배가 되는 거죠."

따라서 대형 사이즈가 소형 사이즈보다 더 많은 이익을 내는 것이다. 다만 유독 대형 사이즈의 판매량만 늘어 회사가 늘어난 대형 사이즈 판매량을 충당하기 위해 매장을 늘리거나 인원을 추가해야 한다면 고정비도 대형 사이즈의 생산원가에서 변동비가 되어 위의 가정에 변화가 생기겠지만, 무한유통의 경우 그런 걱정은 하지 않아도 됐다. 무한유통은 광주 지역 판매망을 어느 정도 구축해 놓았고 그에 따라 고정비에 대한 투자 역시 많이 이루어진 상황이었다. 그래서 여기에 아이템이나 사이즈를 달리한

제품을 하나씩 추가한다고 특별히 고정비용이 증가할 이
유는 없었다.

사람보다
일을 줄여라

"타임테이블이 사람 잡네, 잡아! 다이어트 따로 안 해도 살 빠지겠어."

양 과장은 불만이 가득한 목소리로 투덜거렸다.

"직장에 내 몸을 갈아 넣는 것 같아요. 소처럼 일만 하라는 건지."

김 사원도 불만인 듯했다.

타임테이블은 직원들이 회사의 소유물이라도 되는 것처럼 업무 이외의 곳으로는 도망가지 못하도록 일에만 묶어놓는 감옥과도 같았다. 타임테이블은 개인의 사사로운 삶 구석구석까지 침투해 개인의 영혼을 통제했으며 도저히 빠져나갈 틈을 주지 않았다. 타임테이블 안에서 '나'는 없고 '조직'만 있을 뿐이었다.

양 과장의 푸념에 옆에서 타임테이블을 작성하던 홍 대리의 마음도 불편해졌다. 자신도 찬성했던 타임테이블 제도가 본래의 목적과는 다르게 작용하고 있었기 때문이다. 원래 취지는 회사의 생산성을 향상시키고 직원들이 부가가치가 있는 일에 집중하도록 하자는 것이었지만, 지금은 오히려 직원들을 기계로 만드는 원흉이 되고 있었다.

"야근한 걸 그대로 써야 되나? 말아야 되나? 홍 대리, 이거 어떻게 해야 되는 거야?"

양 과장이 고개를 갸웃거리며 홍 대리를 쳐다보았다.

"양 과장님도 아시죠? 시간당 부가가치라는 게 직원들이 근무 중에 창출한 부가가치를 근무시간으로 나누는 거라는 거. 그러니까 시간당 부가가치를 높이려면 근무시간을 줄여야 해요."

이때 김 사원이 끼어들었다.

"그뿐이에요? 부서별로 공통비를 배부하는 기준이 노동시간으로 바뀌어서 노동시간이 많은 부서는 공통비를 그만큼 많이 쓴 부서가 되는 거니까, 결국엔 노동시간이 많은 부서는 비용만 축내는 부서로 찍힐 수도 있는 거죠."

"그럼 뭐야? 홍길동도 아니고, 내가 야근해도 야근했다고 쓸 수 없는 거라 이거야?"

양 과장과 김 사원의 탐탁지 않은 시선이 슬그머니 홍 대리에게 꽂혔다. 타임테이블은 효율성을 가져다주는 한편 구성원을 무기력하게 만들었다. 직원들의 일상은 시간의 그물망 속에서 알게 모르게 낱낱이 기록되고 있었다.

"타임테이블 자체는 좋은 거잖아요."

양 과장과 김 사원은 뾰로통하니 아무 대꾸도 하지 않았다.

"이게 다 이영달 실장 때문이야."

자리로 돌아가 앉으면서 홍 대리는 혼잣말을 중얼거렸다. 근무시간의 효율성을 높이자는 취지의 타임테이블 제도는 바람직하다고 볼 수 있었다. 그런데 노동시간이 길어지면 시간당 부가가치가 적어져 성과평가에 나쁜 영향을 끼치게 되었다. 여기에다 일반 공통경비까지 직접노동시간 기준으로 안분하게 되면서 근무시간이 길수록 회사 공통경비를 더 많이 축내는 꼴이 되니 직원들은 너나 할 것 없이 노동시간을 줄일 수밖에 없었다.

글로벌 기업 중에는 창의성을 발휘하기 위해 근무시간 중 일부를 자유롭게 사용하도록 하는 경우가 많다. 그러나 입으로는 창조경제를 부르짖으면서도 효율성만을 강조한 나머지, 근무시간에는 몰입해서 일하고 퇴근 후에나 창조력을 발휘할 수밖에 없는 게 우리나라의 기업문화였다. 여백의 미학이 필요했지만 회사는 상상력을 받아들일 만한 여유를 주지 않았다.

망할 부서가 제때 안 망하면 나중에는 회사가 망하게 된다며 구조조정을 합리화하는 이영달 실장의 말은 직원들의 상처에 소금을 뿌리는 격이었다. 직원들을 쥐어짜지 않는 회사는 시장에서 패배할 수밖에 없다는 말을 돌려서 하는 것과 같았다.

경영기획실에서는 시간당 부가가치제도를 도입하고 공통비 배부기준을 근무시간으로 바꾼 이유가 최대한 효율적으로 근무시간을 관리하기 위함이라고 했다. 그리고 시간을 제대로 관리해야 비용을 줄일 수 있다고 생각하는 고한영 사장의 전폭적인 찬성에 힘입어 이영달 실장의 이런 정책은 회사 측의 어떠한 반대도 없이 시행되었다.

공통비 배부기준을 직접노동시간 기준으로 바꾸자, 근무시간이 바로 돈과 관련된다는 인식이 순식간에 전 직원들에게 심어지며, 회사 전체가 술렁이기 시작했다. 실제 일한 시간보다 적게 보고하려는 시도가 부서 곳곳에서 이루어짐으로써 부작용이 나타났지만, 그럼에도 타임테이블에 근거한 직원 규제는 더욱 심해져만 갔다.

"타임테이블 분석 결과 직원들이 너무 많은 시간을 일하고 있습니다. 단적인 예로 회사에서는 지금의 생산량을 기준으로 인팩 제품을 만드는 데 월 5000시간이 소요될 것으로 예상했지만, 실제 인팩 생산부서 직원들의 타임테이블 시간을 모두 합산해 보니 8000시간 이상의 노동시간이 들어가고 있습니다."

지난번 TF팀 회의에서 이영달 실장은 타임테이블에 근거해 인팩사업부의 근무시간을 언급했다.

"결국 3000시간 정도가 낭비되고 있는 겁니다. 물론 어떤 직원들은 우리가 이렇게 열심히 일하고 있지 않느냐고 반발할지도 모르겠지만, 이건 자랑할 게 아닙니다. 중요한 건 무조건 오래 일하는 게 아니라 최소한의 시간 동안 가장 효율적으로 일해야 한다는 겁니다. 우리는 시간과 싸움을 벌이고 있는 것입니다."

회계적으로 볼 때 인건비 감소 없이 노무비를 줄이려면 노동시간을 줄여야 한다. 그러나 단순히 노동시간을 줄이면 제품의 질을 떨어뜨릴 가능성이 높다. 진정한 원가 절감은 원가를 줄이는 인풋에만 집중하는 것이 아니다. 아웃풋이 얼마나 가치 있는 일인가에도 초점을 맞춰야 한다. 즉,

인력이 아니라 필요 없는 일을 줄여야 하는 것이다. 인력을 구조조정하더라도 업무가 그대로 있다면 원가 절감이 되지 않는다. 남아 있는 인력이 기존의 업무를 모두 떠안아야 하기 때문에 잔업만 늘어날 뿐이다.

그러나 회사는 아웃풋엔 관심이 없었다. 비용 절감으로 쥐어짜서 만든 이익은 미래 성장 동력마저 떨어뜨릴 수 있기 때문에 조심해야 하는데, 이영달 실장은 인풋, 그러니까 노동시간에만 집중하도록 유도하고 있었다. 하지만 '30퍼센트를 잘라서 70퍼센트를 살리는 것이므로 구조조정이 반드시 악은 아니다'라는 논리에 막혀 누구도 섣불리 대응하지 못하고 있었다.

콕 집어 인팩사업부의 근무시간을 예로 드는 이영달 실장을 보며, 홍 대리는 조만간 무슨 일이 터질 것 같다는 예감이 들었다.

'역시 아웃소싱이 목적인 건가?'

홍 대리는 내심 자신의 추측이 어긋나길 바랐다. 하지만 불안한 예감은 대체로 틀리지 않는 법이다. 숫자 목표는 회사의 성장을 가져오기는 했지만 동시에 잘못된 숫자의 사용이 회사에는 재앙이 될 수 있음을 경고하고 있었다.

TF팀 소속 생산부서 직원들로부터 박인영 부장이 직원

들의 근무시간 기록을 하나하나 따지고 들며 체크한다는 얘기가 들리더니, 얼마 후 정말 일이 터지고야 말았다.

"생산1본부가 구조조정된다고요?"

소식을 들은 홍 대리는 충격으로 반쯤 입이 벌어졌다.

어떻게 숫자 하나로 이 많은 사람들을 학살했을까? 초라하고 연약한 천막은 무너져도 그 안에 있는 사람을 다치게 하지는 않는데, 높고 웅장하게 보이려고 쌓은 화려한 건물이 무너지면 그 안에 있던 사람들이 희생되는 법이다. 이영달 실장의 계획이 좋은 것이었는지 나쁜 것이었는지는 문제가 아니었다. 문제는 누구에게 얼마나 상처를 입혔는가였다.

"그렇다니까. 그동안 줄곧 인팩사업부가 근무시간이 가장 많이 나왔잖아. 그러니 회사 입장에선 가뜩이나 별로 수익도 나지 않는 부서가 공통비만 왕창 잡아먹고 있는 걸로 보이니 칼을 들이댈 수밖에 없었겠지."

"확실해요?"

홍 대리가 되묻자 양 과장이 고개를 끄덕였다.

"지금 게시판에 올라온 걸 막 확인……."

홍 대리는 양 과장의 말이 채 끝나기도 전에 사내 게시판을 확인했다. 인팩생산부서의 구조조정을 알리는 공지글이 올라온 걸 볼 수 있었다.

"종이에 수천 번 베여서 죽는다는 말이 있습니다. 종이에 손이 살짝 베이는 것은 큰 타격이 아니지만 이것이 수천 번 반복되면 생명에도 지장을 줍니다. 기업도 작은 상처가 누적되면서 생명력을 잃어버리는 것입니다. 그래서 조금 통증이 있다 할지라도 재빨리 곪은 곳을 도려내면 기업이 범한 실수로 인한 상처는 아물 수 있습니다."

자잘한 수술을 계속하면 직원 사기만 떨어지니 구조조정은 한 번에 과감하게 해야 한다고 강조하며 이영달 실장은 대규모 구조조정을 빠르게 진행시켰다. 미국에서 공부한 사람 티라도 내듯이 고용시장의 유연성이란 이름으로 직원을 헌신짝 버리듯 내팽개쳤다. 그는 이익에 대해서만 말할 뿐 인정이라는 것은 전혀 느끼지 못하는 냉혈 인간이었다. 기업에서 직원이란 존재는 회사를 위해 돈을 버는 동안은 그 존재가 인정되지만, 언제든 기능을 잃어버리면 개인의 존재 의미는 사라져 버렸다. 그리고 그 빈자리는 곧 다른 것으로 채워졌다.

공통비 배부기준이 직접노동시간 기준으로 바뀌면서 얼마 지나지 않아 생산1본부 전체가 아웃소싱으로 대체되는 결과가 나왔다. 수익성 면에서 보면 당연하게 받아들여야 하는 걸지도 모르지만, 이영달 실장과 공중택 부장의 계획에 생산부서가 떨어져 나갔다는 느낌이 들어 속이 쓰렸다. 공중택 부장이 싸우지 않으면 파업 노조에게 잡아먹힐 것이라고 주장하며 파업을 반대하는 시위를 벌인 것도 의도가 있었다. 생산1본부가 파업을 할 때 '우리는 일하고 싶다'는 어깨띠를 둘렀던 것도 공중택 부장이었다. 파업을 외치는 노조의 반대편에서는 '우리는 파업하지 않습니다'라는 피켓이 대치하며 직원들이 두 갈래로 나뉘기에 이르렀다.

노조 측은 사람을 자르는 일보다 수익성을 높이는 일이 더 중요하다며 업무 재배치를 제안했고, 회사 측이 이를 받아들여 최소한 직원들의 생존권은 보장됐다는 것이 그나마 위안이었다.

"우리는 그렇게 몰인정한 사람이 아닙니다. 위기가 닥치기 전에 앞장서서 문제를 해결하려는 것뿐이지요. 벼랑 끝에 몰리기 전이라 아직 선택지가 있고 시간적 여유도 있기 때문에 극단적인 상황은 막을 수 있습니다."

그날 이영달 실장은 TF 회의에서 늘 그래왔던 것보다 훨씬 더 목소리를 높여 열변을 토했다.

"그동안 무한유통을 위해 애써준 직원들을 생각해서라

도 인팩 생산부서 전체를 아웃소싱으로 돌리는 건 아니라고 생각합니다. 그래서 노조 측과 상의한 결과, 3년 동안은 인팩사업부 전체를 별도의 회사로 만들어 무한유통의 제품을 아웃소싱하기로 했습니다. 일부가 희생하면 다수가 살지만, 모두 살리려고 하면 다 죽을 수 있습니다. 제 손으로 사랑하는 직원들을 직접 내보내야 하는 저의 심정은 여러분보다 더 아픕니다. 그렇지만 앞으로 박인영 생산1본부장은 아웃소싱 회사의 새로운 대표로 일을 해주실 거고, 직원들은 종전과 다름없이 근로의 권리를 누릴 수 있을 겁니다."

일부 노조원은 경영상 이유에 의하여 근로자를 해고하려면 긴박한 경영상의 필요가 있어야 한다는 근로기준법 조항을 근거로 반발했다. 그러나 회사가 반발하는 직원들을 지방 한직으로 발령을 내자 직원들은 자신이 타깃이 될까 봐 전전긍긍했고 더 이상 나서지 못했다. 퇴사가 유행처럼 번져 나갔다. 탈출은 지능 순이라는 말이 떠돌았다. 직원들은 오래 다닐 수 없다면 돈이라도 많이 받아야겠다는 생각에 퇴직위로금과 성과급에 집착하기 시작했다. 취업사이트에서는 무한유통 커뮤니티에 '사람을 갈아 넣고 돈도 안 준다'는 평가가 올라오기 시작했다.

이영달 실장은 아웃소싱이 컨설팅의 결과이며 자신은 이번 인사 행정에 전혀 관여하지 않았고, 구조조정과 관련이 없다고 말했다. 이번 구조조정에서의 역할을 부인하려는 듯 이영달 실장은 자신이 얼마나 인간미 넘치는 리더인지를 애써 강조하려 했다.

"정원사는 더 아름답고 튼튼하게 자랄 나무의 모습을 기대하면서 가지치기를 합니다. 가지가 잘려 나가는 아픔이 있겠지만 나무의 건강을 위해서 가지치기는 꼭 필요합니다. 회사도 마찬가지입니다. 아웃소싱이라는 가지치기가 당장은 힘들겠지만, 가지를 잘라내는 아픔을 딛고 일어서면 더욱 건강한 회사가 되어 있을 것입니다."

이영달 실장의 속마음을 아는 것은 어렵지 않았다. 공중택 본부장은 박인영 부장의 면전에 대고 웃으면서 속삭였다.

"드디어 이 말을 하게 되어서 후련해. 당신은 해고야."

박인영은 공중택의 조롱하는 듯한 눈빛을 잊지 못할 것 같았다. 어쨌든 그렇게 인팩 생산부서는 3년 후면 자유경쟁 체제에 놓일 것이었다. 그러면 무한유통은 줄어든 직원 자리를 자동화 설비를 도입해 대체하거나 비정규직 인력을 활용해 뉴인팩 생산시스템으로 바꾸어갈 계획이었다.

그리고 아웃소싱 회사 역시 3년 후 거리로 나앉지 않기 위해 자생력을 키워야 했다. 이처럼 권력은 개인을 길들여 규율에 복종하도록 만들고 있었다.

슈퍼 갑이
지배하는 세상

생산1본부가 아웃소싱 회사인 제일포인트로 바뀌었다. 3년간은 무한유통으로 납품하는 것이 보장되었기에 인팩 제품 생산에 특별한 문제가 생기지는 않았다. 얼마 전부터 는 사내매출제도가 시행되어 생산부서가 가격을 정해 판 매부서에 판매하는 방식이 자리를 잡아가고 있었기 때문 에, 외주생산을 하더라도 그 가격에 무한유통으로 인팩 제 품을 납품하는 조건으로 쉽게 계약할 수 있었다. 사내 부서 를 독립채산제로 유지한 전략이 톡톡히 효과를 발휘하는 순간이었다.

하지만 한 회사 내에 별도 부서로 있는 것과 별도 회사 로 있는 것에는 분명 차이가 있었다.

가장 먼저 터진 것은 상표권 문제였다. 제일포인트의 새로운 대표가 된 박인영 사장은 이제 더 이상 무한유통의 박인영 생산부장이 아니었다. 3년이라는 기간 동안 자생력을 키우지 않으면 망할 게 불 보듯 뻔했다. 그러지 않으려면 무엇보다 3년 안에 자체 브랜드를 갖는 일이 가장 시급했다. 그러나 매출의 거의 100퍼센트를 차지하는 인팩 제품을 무한유통에 납품하고 있었고, '인팩'이라는 브랜드 역시 무한유통의 것이었기에 쉽지 않았다.

박인영 사장은 자체 브랜드를 키우기 위해서라도 지금과 같은 상표 체제를 계속 끌고 갈 수는 없다고 결론 내렸다. 결국 제일포인트의 인지도를 높이기 위해 회사명과 똑같은 '제일포인트'라는 자체 브랜드를 써서 인팩 제품의 포장을 바꾸자는 제안을 했다.

무한유통 측은 펄쩍 뛰었다. 공중택 판매부장은 단박에 손을 내저으며 말도 안 된다는 반응을 보였다.

"박인영 부장님, 아니, 이제 사장님이시죠. 사장님, 지금까지 '인팩'이라는 이름으로 납품했던 걸 '제일포인트'라는 제품으로 납품한다는 건 말도 안 되죠. '인팩'이라는 브랜드의 힘도 있는데, 이걸 버리고 홍보도 안 된 신생 브랜드 이름으로 내겠다니요."

하지만 박인영 사장의 입장은 달랐다. 무한유통의 브랜드 강화는 제일포인트 같은 중소기업의 브랜드 약화로 이어질 수 있었다. 무엇보다 추후 제일포인트에서 자체 브랜드 제품을 만들어냈을 때 영업에 지장을 줄 수 있었다.

"제조업체가 자기 브랜드를 갖지 못하고 남의 브랜드에 의존하게 되면 자체 브랜드를 키울 동기가 박탈되고, 결국 브랜드 파워가 약해질 수밖에 없습니다. 나중에 브랜드를 키우기 위해서라도 지금 제일포인트로 브랜드를 바꿔야 합니다."

공중택 부장은 정반대의 의견을 내놓았다.

"제일포인트 브랜드로 제품을 만들면 우선 고객이 신뢰하지 않을 겁니다. 그리고 어차피 인팩 제품을 구입해 영업하는 회사는 무한유통 아닙니까? 우리 무한유통 판매부서 직원 입장에서, 다른 회사 브랜드 제품과 무한유통 브랜드 제품 중 어느 쪽에 판촉 활동을 더 치중하겠어요? 종전대로 인팩 브랜드로 납품하면 다른 무한유통 제품과 동일하게 영업을 하겠지만, 제일포인트의 브랜드로 나간다면 어떤 영업사원도 제일포인트 물건에 신경을 쓰지 않게 될 겁니다."

박인영 사장의 귀에는 순전히 무한유통의 이익만 챙기

는 말로밖에는 들리지 않았다.

"대형 유통업체가 PL_{Private Label}을 만드는 가장 큰 이유는 이윤추구라고 하죠. 이에 대해 언론매체들은 유통경로에 대한 지배력을 키우고 소비자들의 충성도를 자신들의 라벨(브랜드)로 옮기겠다는 의도가 강하다고 비판합니다. 아울러 결국엔 대형 유통업체만 살고 중소기업은 도산하는 결과를 낳을 거라는 분석도 있고요. 그런데 무한유통이 계속 인팩 브랜드로 납품하면서 저희 제일포인트 같은 중소 협력업체와의 상생을 고려한다고 하면 그 얘기를 누가 믿겠습니까?"

무한유통이 자체 브랜드 제품만을 강요하는 상황에서는 매출 1, 2위를 다투는 정도의 업체가 아니면 유통업체의 그늘로 들어갈 수밖에 없다는 건 자명했다. 그렇기에 3년 안에 자생력을 키워야 하는 박인영 사장은 절박하다 못해 절망스러운 심정이었다.

하지만 공중택 판매부장은 여전히 이해하지 못하겠다는 입장이었다.

"똑같은 사실을 놓고 이렇게 전혀 다른 시각으로 말씀하시니 당황스럽습니다. 대형 제조업체가 우리 브랜드 전략에 불만을 갖는다면 이해가 갑니다. 하지만 제일포인트 같은 중소기업이 인팩의 브랜드에 불만을 가질 이유는 없죠. 우수한 상품을 만들면서도 마케팅을 못 해 시장에서 대접받지 못하는 중소기업들을 생각해 보세요. 그에 반해 제일포인트는 인팩이라는 브랜드로 안정적으로 수익을 내고 있으니, 이보다 더 좋은 일이 어디 있겠습니까? 지금으로선 제일포인트는 인팩 브랜드를 쓰는 걸 감사하게 여겨야 합니다."

박인영 사장은 공중택 부장의 말에 말문이 막혔다.

무조건 무한유통의 브랜드 전략을 비난할 수는 없었다. 사실 무한유통의 인팩 브랜드를 사용하지 않으면 제일포인트가 살아남을 수 있을지도 의문이었다. 지금 그에게 가장 궁극적인 목표는 살아남는 것이었다. 나중에라도 제일포인트 브랜드로 바꾸겠다고 약속해 달라는 말을 꺼낼까 싶었지만 관두기로 했다. 브랜드는 회사와 고객 사이에서 자연스럽게 만들어지는 것이지 누구와의 계약을 통해 만들어지는 게 아니라는 생각이 들었기 때문이다. 그러나 한번 당하기 시작하면 계속해서 당하는 것이 세상의 이치였다.

며칠 후, 제일포인트를 포함한 납품제조업체들은 무한

유통으로부터 원가를 공개해 달라는 공문을 받았다. 무한유통 경영기획실은 협력업체들의 생산성이 떨어져 전혀 원가가 절감되고 있지 않다는 이유로 납품업체들을 압박하기로 결정을 내렸다.

중요한 건 누가 소비자들에게 더 가까이 다가가느냐인데, 바로 그 점에서 유통업체가 소비자의 욕구를 읽는 힘은 납품업체보다 더 앞선다는 게 무한유통의 전제였다. 그리고 유통업체는 제조업체에서 생산하는 제품의 질을 수시로 체크하는 동시에 원가를 내릴 수 있는 요인을 철저히 연구하겠다는 것이었다. 필요한 기능은 살리지만 부차적 기능이라 생각한 부분은 원가를 줄여 가격을 낮추도록 조언하며, 디자인 능력이 부족한 중소기업을 위해서 디자인 전문업체에 외주를 줘서 도울 수도 있다는 내용이었다.

똑같이 기업을 경영하는 사람들이 원가공개를 거론하니 납품제조업체들은 할 말을 잃었다. 원가 자료는 회사의 영업 비밀인데 이것을 공개하라는 것은 밑천을 모두 드러내라는 말과 다름없었다. 또한 원가 자료를 공개하면 이를 근거로 납품단가를 인하하려 할 것이다. 그렇다고 억지로 단가를 낮추면 품질이 나빠질 수밖에 없다.

제일포인트 같은 납품제조업체들은 강자인 유통업체

와 제대로 된 협상을 벌일 수 있는 상황이 아니었다. 약자 입장인 납품제조업체들은 거래를 유지하기 위해서 자신들의 마진을 줄이거나 심지어는 손해를 보면서까지 대형마트 혹은 유통업체에 할인된 가격으로 납품할 수밖에 없었다. 약자는 이런 일을 당해도 그것을 남에게 전가할 힘이 없기 때문이었다. 자신의 기업이 아니라 강자를 위해 일하며 그들의 돈을 불려주고 용돈을 받으면 고마워해야 하는 소모품에 불과했다. 갑의 약이 을에게는 독이었다. 일은 을이 다 하고 책임도 을한테 있는데 왜 이익은 갑이 다 가져가는지 이해가 되지 않았다. 장사를 할수록 남는 것은 빚뿐이었다.

스스로도 의식하지 못하는 사이, 경쟁으로 모두가 공멸해 가고 있었다. 마구잡이 벌목에 따라 숲이 사라지고 토지와 사슴이 없어지고 생태계 먹이사슬이 끊어져 한국산 호랑이가 멸종한 것처럼, 협력업체 손실은 코끼리 회사의 손실로 이어질 수밖에 없기 때문이다. 먹고살기 위해 약자를 잡아먹지만 결국 그로 인해 모두가 망하게 되는 것이다.

지속가능한 성장 동력을 확보하기 위해 중소기업을 지원하고 육성해야 하는 사회책임경영CSR: Corporate Social Responsibility이 대기업에게 더욱 중요해지고 있었다. 그래서 어떤 글로벌 기업은 자신의 실적을 평가할 때 납품제조회사의 소득을 합산해서 평가를 함으로써 부품의 구입가격을 낮추는 것이 아니라, 납품업체와 협력하여 제조원가 그 자체를 낮추기 위해 노력하기도 했다.

이런 사회적 분위기 속에서 자신의 처지를 한탄하던 박인영 사장은 담판을 짓겠다는 심정으로 이영달 실장을 직접 찾아갔다.

"실장님. 더불어 살아가는 세상인데, 최소한의 기본적인 마진은 보장해 주셔야 하지 않습니까?"

이렇게 호소하는 박인영 사장에게 이영달 경영기획실장이 대뜸 한 말은 바로 '원가기획'이었다.

박인영 사장도 원가기획이란 말을 자주 들어보았다. 과거에는 제조원가를 계산한 다음 여기에 목표이익을 더하여 가격을 계산했다. 그러나 공급과잉 시대에는 수요자 입장에서 가격이 결정되므로 가격을 먼저 정하고 목표이익을 차감하여 목표원가를 산정하게 됐다. 생산원가가 목표원가를 초과하면 상품 디자인이나 기능을 단순화해 원가를 낮추고, 그래도 맞추기 힘들면 상품 발주량을 늘려 원가를 조절했다. 이처럼 목표원가는 꼭 달성해야 하는 원가인 것이다.

그런데 이제는 원가가 우선인 시대에서 가격이 우선인 시대로 흐름이 바뀌고 있었다.

"원가 절감 노력을 상품 기획·설계 단계에 집중하라는 말씀이십니까?"

박인영 사장의 질문에 이영달 실장이 고자세로 설명했다.

"과거에는 원가와 가격은 선후관계가 분명했지. 제품을 만드는 데 들어간 원가를 계산하고 여기에 마진을 더해 가격을 산정하는 방식이니까. 하지만 이런 고루한 방식으로는 앞으로 살아남기 힘들어. 고객들은 원하는 것도 바라는 것도 다르거든. 즉, 가격과 원가를 정할 때는 고객들의 요구가 다르다는 사실을 인정하고 그런 고객의 요구에 부응하려고 더 노력해야 한다는 거야. 이젠 고객의 니즈를 분석하여 제품 콘셉트가 정해지면 목표 판매가격을 먼저 결정하고, 그에 맞춰서 회사 수익 폭을 정하고 목표원가를 결정해야 한다, 이 말이야."

나이도 한참 어린 이영달 실장은 을이 된 박인영 사장에게 반말도 서슴지 않았다. 목표원가가 결정되면 부품의 공용화, 제조공정의 변경, 기능의 단순화 등 원가 혁신 방안을 상품의 기획·설계 단계에서부터 반영해야 한다는 게 이영달 실장의 설명이었다. 고객의 니즈를 분석하는 데에는 열심이면서도 직원들의 니즈에는 전혀 관심이 없었던 것 같아 박인영의 가슴속에서 울화가 치밀었다.

"이런 원가 혁신 노력은 생산 이전 단계에서 이루어지기 때문에 많은 시행착오를 줄일 수 있고, 그만큼 효과도 클 수밖에 없거든."

이때 박인영 사장이 실장실을 찾았다는 사실을 전해 들은 공중택 부장이 종종걸음으로 사무실로 들어왔다. 그러더니 준비나 한 것처럼 대화에 끼어들어 훈계조로 말했다.

"원가 절감은 생산단계 이전부터 기획하고 설계해 나가야 제대로 효과를 거둘 수 있습니다. 예를 들어, 식품업계에서는 용량을 줄이는 방법이 가장 간단한 원가기획일수 있죠. 그러나 이건 소비자의 니즈를 고려하지 않은 것입니다. 기업들은 소비자의 니즈를 고려하면서도 용량을 줄이는 방법까지 생각해야 하는 거니까요."

"하지만 현실적으로 원가 절감이 쉽지 않다는 걸 아시잖습니까?"

박인영 사장은 현실을 이해해 달라는 입장이었다. 그러나 강자인 무한유통 측이 이를 감안해 줄 리 없었다. 서당개 삼 년이면 풍월을 읊는다더니, 이영달 실장을 죽어라 따라다닌 덕분인지 어느새 공중택 판매부장은 원가관리 전문가라도 된 듯 장황한 설명을 늘어놓았다.

"원래 성공한 회사는 다 아는 것을 제대로 실행하는 법이지만 실패한 기업은 안 되는 이유만 많은 법이죠. 설계자는 처음 제품설계를 할 때부터 소비자가 원하는 꼭 필요한 기능만을 추구해 설계해야 합니다. 그런데 시중의 제품들을 좀 보세요. 쓸데없이 품질만 높여서 원가도 오르고, 과다 기능으로 소비자들만 혼란스럽게 하고 있죠. 이는 다 설계자들의 비용 의식이 부족하기 때문입니다."

이영달 실장은 무한유통 같은 큰 기업은 훌륭하고 제일포인트 같은 협력업체는 무능하다는 식으로 말하고 있었다.

모든 것을 자신들에게 맞추라는 요청에 박인영 사장은 분노가 치밀어 올랐다. 무한유통에 있을 때는 대등한 위치였던 판매부장에게 사장이 되고서도 몸을 낮춰야 하는 현실이 절망스러웠다. 굴욕적인 타협으로 박인영 사장은 자존심에 큰 상처를 입었다.

갑과 을의 관계에서 박인영 사장은 자신의 무력함을 실감했다. 이길 수 없다면 약게 굴어야 했다. 약자가 낮추는 것은 자연의 섭리였다. 그러나 자신이 한 대로 돌려받는 것도 세상의 이치였다. 인간 사회에서 영원히 우월한 것은 없다. 갑과 을의 관계도 돌고 도는 것이다. 박인영 사장은 지금은 너희가 갑이지만 그 위치에서 내려오면 바로 나락으로 떨어질 것이라고 속으로 생각하며 위안을 삼았다. 을은 갑이 될 수 있지만, 일단 권력의 맛에 길들여진 갑은 절대 을 노릇을 하지 못하기 때문이다.

제일포인트 사장실로 돌아온 박인영은 깊은 고민에 빠졌다. 무한유통이 뭘 원하는지 알고 있었다. 그러나 무한유통이 원하는 대로 해줄 마음은 추호도 없었다. 대기업이 납품업체를 위한다며 시작했던 일들이 결국 납품업체의 간과 쓸개를 다 빼가서 자신들의 이익을 채우는 데 활용되어 왔다는 생각이 들었다. 이렇게 가다가는 태엽이 감겨야 움직일 수 있는 장난감처럼 수동적인 입장으로 전락하고 말 것이라는 예감이 들었다. 갑에게 휘둘리기 시작하면 끝도 없을 게 뻔했기 때문에 원가를 절감할 수 있는 방안이 있어도 조금씩 내놓아야 할 것 같았다.

무한유통에 계속 납품해야 하는지도 고민이었다. 지금까지 매입원가와 납품단가를 비교해 10퍼센트 정도의 마진을 보는 데 만족하며 사업을 해오곤 있지만, 항상 자금 부족을 느껴 뭔가 잘못하고 있는 부분이 있지 않았나 하는 생각이 들던 찰나였다. 그나마 지금까지는 성장하는 단계고 투자금액이 많아서 그런 거라고 여겼지만, 한편으론 원가구조를 제대로 파악하지 못해 손해를 보고 팔면서도 이익이 난다고 착각하고 있다는 생각이 들었다. 하지만 막 사업체로 독립한 현재로서는 정확한 원가구조를 파악할 여력이 없었다. 나중에 시간이 되고 회사가 더욱 커지면 그때 하자며 미뤄두고 있었다.

당장 중요한 사안은 무한유통이라는 코끼리가 우리 회사의 파트너인가에 대한 고민이었다. 상황이 좋을 땐 큰 고객이 좋다지만 코끼리에 대한 의존도가 너무 높아지면 오히려 독이 된다. 무한유통에 대한 매출 의존도가 80퍼센트가 넘는 상황에서 무한유통이 품질경쟁을 유도한다는 명분으로 거래선을 다변화하기라도 하면 제일포인트는 타격을 입을 수밖에 없다. 중소기업이 대기업 앞에서 고양이 앞의 쥐가 될 수밖에 없는 이유가 바로 이와 같은 수요독점 때문이다. 공급하는 을은 많지만 소비자인 갑은 오직 하나이기 때문에 대기업이 하라면 하고 바꾸라면 바꾸고, 깎으라면 깎을 수밖에 없는 것이 중소기업의 처지였다.

특히나 상자업체는 제지업계의 머슴으로 살아오지 않

았던가. 원자재가격은 폭등하면서 납품단가는 그대로인 상황에서 대기업은 가격이라도 올릴 수 있었지만, 중소기업은 원자재를 구입하고 납품하는 과정에서 이중 갑질을 당하곤 했다.

중소기업들이 연합으로 대기업에 대응하는 선진국과 달리 우리나라 중소기업은 대기업에 대응할 수 있는 네트워크가 없었다.

아직까진 무한유통을 친정으로 생각해서 거래하고 있긴 했지만, 언제까지 이런 상황이 지속될지는 모르는 일이었다. 박인영 사장을 대하는 태도가 달라진 공중택 부장을 보더라도 무한유통은 이미 박인영에겐 예전의 무한유통이 아니었다. 납품업체 입장에서는 유통업체를 파트너라고 생각하겠지만, 코끼리는 개미를 파트너라고 생각하지 않을 것이다. 더 낮은 가격에 납품하려는 회사가 나타나면 무한유통은 제일포인트와의 거래를 끊어버릴지도 모른다.

대기업은 골목상권까지 침투해 더 큰 이익을 욕심내고 있었다. 정부는 중소기업을 육성하고 공정거래를 보호한다는 명분으로 중소기업적합업종을 선정하여 대기업 진출을 제한하고 대형마트 의무휴무제도, 하도급업체 납품단가 인하 압력에 대한 손해배상제도를 실시하는 등 규제의 칼을 들었다. 그러나 강자는 더욱 기상천외한 방법으로 규제를 무력화시킨 뒤 한층 더 교묘한 방법으로 약자에게 칼을 휘두르기 시작했다. 강자가 약자를 괴롭히지 못하도록 혼을 내자, 겉으론 따르는 척하면서 안 보이는 곳에서 더 괴롭히는 꼴이었다. 한쪽을 치료하고 있는 동안 다른 쪽에 난 상처는 더 커지고 있었다.

대기업은 규제를 피해 매장을 줄이고 국가의 손길이 미치지 못하는 해외로 살길을 찾아 나섰다. 대기업이 빠진 산업 자체는 생명력을 잃어갔다. 중소기업 보호를 통해 경쟁력을 높이는 것이 목적이었지만 중소기업의 경쟁력도 떨어졌고 근로자 임금만 줄어들었다. 규제는 의도와 다르게 엉뚱한 방향으로 흐르며 양쪽 눈치를 봐야 하는 약자를 더욱 힘들게 했다. 골목상권을 침범하지 못하도록 대기업을 규제했더니 대기업보다 골목상인이 먼저 망하고 있었다.

무한유통 역시 약자 입장에서 피해를 당하고 있었기에 또 살기 위해 스스로 갑이 되어 약자를 압박할 수밖에 없었다. 대형마트도 영업시간 제한조치 때문에 새벽 배송과 의무휴업일 배송을 할 수 없게 되어 성장에 제동이 걸렸다. 오프라인 유통업체들이 경쟁에서 뒤처지고 있는 사이 쿠팡이나 마켓컬리 등 이커머스 업체들은 급격히 몸집을 불려나갔다.

'문제는 불확실성이야. 우리 매출의 대부분을 차지하는 만큼 함부로 할 수 없는 것도 고역이지만, 더 큰 걱정은 어느 날 갑자기 거래가 끊길지도 모른다는 거지.'

박인영 사장은 어떻게 해야 할지 갈피를 잡을 수 없었다. 유통업의 판도가 바뀌고 있었다. 한낱 지방 중소업체에 불과한 제일포인트가 이런 변화의 흐름을 거스를 수는 없었다. 좋든 싫든 변화에 몸을 맡겨야 했다. 무한유통이 자체 브랜드를 유지하고 원가 공개를 요구하는 것을 막기에는 자신의 힘이 너무 미약했다. 그가 원하는 것은 갑으로부터의 완전한 독립이었다. 그렇다면 무한유통이 어떤 정책을 펴든지 생존할 수 있도록 의존도를 줄이고 거래처를 늘릴 전략이 필요했다.

사업이란 너무나도 치열한 싸움이어서 자비 따위는 존재하지 않았다. 죽이느냐 죽느냐, 먹느냐 먹히느냐, 그뿐이었다. 다른 선택지는 없었다. 자본주의는 변질되어 약자의 불행과 슬픔을 경제적 이윤추구의 호재로 삼고 있었다. 강자들의 횡포는 약자를 악에 받치게 만들었다.

을의 반란

인팩 생산부서를 아웃소싱한 데 이어 이젠 뉴인팩사업부서까지 아웃소싱한다는 말이 들려오면서 회사 분위기는 더욱 뒤숭숭해졌다. 불황에 구조조정은 어쩔 수 없는 조치라는 것도 알고 아웃소싱이 원가 절감을 위해 필요하다는 데에도 동의하지만, 승환은 함께 일해온 직장 동료들이 떠나가자 안타까운 마음이 들었다. 이렇게 핵심인력까지 빠져나가다간 머지않아 무한유통의 뿌리가 흔들려 결국 부실기업이 되지 않을까 걱정스럽기까지 했다.

'다이어트도 그렇고 구조조정도 그렇고, 왜 자꾸 원래 목적과 멀어지기만 하는 걸까?'

"아마 다이어트할 때 건강의 균형을 생각하지 못했던

것 같습니다."

홍영호 회계사의 말에 홍 대리가 되물었다.

"건강의 균형이요?"

"네. 저도 다이어트에 관심이 있어서 건강 관련 서적들을 즐겨 읽는데, 무조건 적게 먹기만 하는 다이어트는 영양소 섭취 자체를 줄여서 건강을 해칠 가능성이 아주 높다고 하더라고요."

홍 회계사의 지적은 정확했다.

"단순히 운동으로 인해 소모된 칼로리와 소식으로 인해 줄어든 섭취 칼로리만 따지다 보니 정작 몸에 필요한 영양소는 부족해지고 덩달아 근육량까지 줄어버리는 거죠."

홍 회계사의 설명에 승환은 자신의 단순함을 넘어선 무지함이 부끄러워 뭐라 대꾸할 말이 없었다.

"다이어트가 꼭 원가 절감 프로젝트 같은 꼴이네요. 시작은 좋은 목적으로 했는데, 정말 중요한 걸 잃게 되어버렸으니."

홍 대리의 얘기에 홍영호 회계사는 착잡한 표정이 되었다.

"좋은 비용 절감은 질 좋은 제품을 싸게 팔게 해서 수익을 증가시키지만 나쁜 비용 절감은 비용과 수익을 함께 감소시키죠. 그래서 원가 절감의 궁극적인 목적을 고객가치 창출에 두어야 하는 것입니다. 그렇지만 제가 제출한 보고서를 근거로 아웃소싱이 단행될 줄은 생각지도 못했어요."

홍 회계사는 자신의 보고서가 이영달 실장에 의해 이용되었다는 사실을 까맣게 모르고 있었다.

"공통비 배부기준이 노동시간으로 바뀌고, 결국 인팩 생산부서가 아웃소싱이 되고……. 제 보고서가 회사에 좋은 방향을 제시해 주면 좋았을 텐데……. 예상 밖의 결과만 낳은 것 같네요."

홍 회계사는 컨설턴트로서, 홍 대리는 무한유통의 직원으로서 서로에게 미안한 마음이 들었다.

"회계사님은 전혀 모르는 일이었잖아요. 잘못은 보고서를 악용한 사람에게 있는 거죠. 회사 측에서는 아웃소싱을 하면 확연히 원가가 절감될 거라 예상했던 모양인데, 의외로 비용이 더 늘었다는 말도 있더라고요."

이에 홍 회계사는 고개를 끄덕였다.

"생산의 자동화와 외주화가 원래 의도했던 대로 직접노무비를 감소시키긴 했겠죠. 그런데 외주를 주면서 애초 고려하지 않았던 간접노무비가 급증하는 바람에 노무비

총액은 오히려 더 증가하게 됐을 거예요."

"대체 왜 그렇게 된 걸까요?"

"우선 외주화에 따른 자동화시스템이 늘어나면서 자동화 설비의 설계와 설비 보수, 유지와 관련된 간접지원인력이 새로 필요해지다 보니 간접노무비가 추가로 발생된 것입니다."

홍 대리는 고개를 끄덕였다.

"하긴 회사가 선택한 아웃소싱이 품질 향상이나 생산처리시간 단축, 애로공정의 생산능력 확장 등의 측면보다는 단순히 직접노무비 절감 방안으로 추진되었으니까요."

"노조 측에서 주장했던 30퍼센트의 임금인상안이 실제로는 회사 전체의 총 원가에서 차지하는 비중이 그렇게 크지 않았는데, 회사 측에선 그걸 몰랐던 거죠. 전체 원가 중 직접노무비가 차지하는 비중은 10퍼센트 수준밖에 되지 않으니 30퍼센트 임금이 인상된다 해도 임금인상 후의 직접노무비는 3퍼센트 정도만 늘어나는 건데 말이죠."

구체적인 수치로 듣고 보니 회사 측에서 너무 성급한 결론을 내린 게 분명하다는 생각이 들었다. 물론 회사 입장에선 임금인상이 원가인상 요인인 게 분명하니 수수방관할 수는 없었을 것이다. 하지만 원가 절감 차원에서 한 아웃소싱이 오히려 여러 문제를 야기하고 있는 상황이었다.

"분명한 건 자동화나 외주화를 추진한다고 해서 전체적인 비용이 쉽게 절감되는 건 아니라는 거네요."

"성공하는 구조조정은 주주, 채권자, 임직원 이렇게 세 이해 당사자 간의 균형을 맞추는 일입니다. 어느 한 집단에만 희생을 강요하는 구조조정은 성공하기 쉽지 않죠. 아플 때 병원에 가는 것보다 아프기 전에 운동을 통해서 건강관리를 하는 것이 중요하겠죠? 마찬가지로 문제가 생기면 구조조정이라는 사후 처방을 하는 것보다 평소에 자율적인 구조조정으로 경쟁력을 높여야 합니다. 무한유통의 경우는 고정비에 대한 인식이 부족했던 게 문제였던 것 같아요."

"고정비요?"

"제가 처음 이영달 실장님께 말씀드렸던 사항인데요, 원가회계는 회사로 하여금 아웃소싱이 비용 측면에서 더 효과적이라는 잘못된 믿음을 갖게 할 수 있다는 거죠. 즉 회사는 제조된 부품당 원가를 실제 원자재비용에 배부된 노무비와 다른 간접비를 더한 걸로 보고, 아웃소싱하면 당연히 비용이 절감될 거라 생각하거든요. 하지만 실제로는 아웃소싱을 하더라도 비용의 상당 부분이 회사 내부에 그대로 남아 있게 됩니다. 예를 들어, 어떤 부품을 생산할 때

한 작업자가 받는 임금의 10퍼센트가 들어간다고 칩시다. 그 부품을 외주생산하더라도 그 작업자가 임금을 10퍼센트 덜 받는 게 아니거든요. 또 그 부품을 생산하는 기계 감가상각비 10퍼센트도 없어지지 않고요. 난방, 전기 그리고 다른 운영비용 역시 얼마간 줄어들지 몰라도 고정비 자체가 큰 폭으로 없어지거나 줄어들진 않는 거죠."

고정비는 변할 뿐 없어지지 않고 있었다. 아웃소싱을 하더라도 고정비는 이리저리 돌고 돌 뿐 사라지는 것은 아니었다.

이영달 실장이 아웃소싱으로 인해 직접노동시간과 직접노무비의 상당 부분이 절감되었다며 소기의 목표는 달성했다는 식으로 말하는 걸 보면 고정비에 대해서는 의도적으로 숨긴 것이 틀림없었다. 더욱이 직접노동시간을 규제하기 위해 공통비 배부기준을 노동시간 기준으로 변경함으로써 오히려 좋은 역량을 가지고 있는 사업부서를 자꾸 회사 밖으로 내몰고 있었다.

홍 회계사는 아웃소싱의 근본적인 문제점을 설명했다.

"아웃소싱은 단순히 비용 절감 목적으로 이루어져선 안 됩니다. 가장 중요한 것은 핵심 사업과 비핵심 사업을 구분지어서 핵심 사업은 지원하고 그렇지 않은 사업은 밖으로 돌려서 외부 전문가에게 맡기는 것이지요. 그래야 비용 절감으로 이어지는 것입니다. 특히 사람과 관련되지 않은 비용을 가장 먼저 손대고 사람과 관련된 비용은 마지막까지 결정을 미뤄둬야 합니다."

승환은 홍 회계사의 설명을 꼼꼼히 메모하면서 TF팀의 원가 절감 프로젝트가 애초부터 방향을 잘못 잡은 건지도 모른다는 생각을 했다.

아울러 원가 절감 프로젝트가 비용 절감에만 집중했던 것처럼 자신의 다이어트 역시 단순히 몸무게 절감에만 집중했기 때문에 결국엔 건강상태까지 나빠지게 됐다는 사실을 인정하게 됐다. 정말 중요한 것을 잃어버렸다는 점에서 승환은 이영달 실장과 똑같은 실수를 범한 셈이었다.

아침부터 「광주제일일보」의 신경만 기자가 무한유통 사장실을 찾았다. 신경만 기자와 예전부터 친분이 있던 고한영 사장은 갑작스런 그의 방문이 반가우면서도 한편으론 신 기자의 안색에서 무슨 일이 있다는 걸 느껴 불안하기도 했다.

"요즘 무한유통이 저품질의 원재료를 사용해서 덤핑을 한다는 말이 들리던데요."

"덤핑이라니요?"

고한영 사장은 순간 당황했지만, 이내 신경만 기자가 덤핑 개념에 대한 오해를 하고 있는 거라 생각하기로 했다.

"불황 탓인지 언젠가부터 제품가격이 주요한 구매 결정 요인으로 작용했죠. 그래서 우리 무한유통은 아웃소싱을 늘리고 생산성을 높여서 원가를 줄인 결과 가격을 낮출수 있었고요. 그런데 이 점을 두고 경쟁사들이 우리 회사가 덤핑을 한다는 식으로 말하는 것 같은데, 그건 원가 절감이라는 알맹이는 모른 채 겉으로 드러난 가격만 보고 하는 말이에요."

하지만 신경만 기자의 표정은 여전히 심각했다.

"혹시 인팩이 제일포인트와 동일한 제품인가요?"

"제일포인트라면 우리 회사에서 아웃소싱한 사업체긴 한데…… 동일하냐니, 무슨 말인지 잘 모르겠네요."

고한영 사장이 어리둥절한 반응을 보이자, 신경만 기자는 가져온 쇼핑백에서 인팩과 제일포인트 제품을 꺼내 보였다. 한눈에 보아도 인팩 브랜드의 제품과 제일포인트 브랜드의 제품은 포장만 다를 뿐 완전히 똑같았다.

"이 물건들을 어디서……."

"제일포인트에서 만드는 2가지 제품입니다. 사장님도 아시다시피 인팩은 무한유통에 납품하는 제품이고 제일포인트는 직접 제일포인트에서 만드는 브랜드입니다."

제일포인트에서 포장만 바꾸어 인팩 제품을 팔고 있음을 짐작한 고한영 사장은 화를 누르며 말했다.

"인팩의 제조회사는 제일포인트가 맞습니다. 인팩을 만드는 공장에서 생산하는 제품이니 제일포인트나 인팩이나 브랜드와 포장만 다를 뿐 내용은 같을 겁니다."

"그런데 제일포인트의 제품이 무한유통 제품보다 상당히 비싸네요. 왜 이렇게 가격 차이가 나는 거죠?"

잠시 생각에 잠겼던 고한영 사장이 입을 열었다.

"신생 회사인 제일포인트가 자체 브랜드 제품을 직접 판매하려니까 자연 광고비와 영업비용이 들어갈 테고, 그런 비용들이 제품가격에 반영되다 보니 인팩보다 가격이 더 높게 책정된 거겠죠."

신경만 기자는 납득이 가지 않는 표정이었다.

"하지만 박인영 사장의 말에 따르면, 제일포인트에서 만드는 포장 상자의 경우 무한유통에서 만드는 인팩 제품과 품질 자체가 다르다더군요. 그래서 가격이 다른 거라고요."

제일포인트에서 포장 상자를 만들기 시작했다는 사실에 고한영 사장은 뒤통수를 맞은 기분이 들었다. 무한유통의 생산부장이었으니 박인영 사장은 포장 상자 생산기술은 물론 무한유통의 포장 상자 사업 노하우까지 꿰뚫고 있었을 것이다. 그런데 별도 사업체로 분리되어 나가면서 고한영 사장이 주력 아이템으로 생각하는 포장 상자까지 제일포인트가 생산하기에 이른 것이다.

고한영 사장이 잠시 침묵하는 동안 신 기자가 말을 이어갔다.

"제일포인트에서 만드는 포장 상자는 국내 최고의 종이를 사용하지만 무한유통에서 생산하는 포장 상자는 재활용지라는 게 제일포인트 측의 설명이고, 저희 신문에도 그렇게 제품 광고를 낼 계획이라고 하던데요."

고한영 사장은 기가 막혔다.

무한유통에서 생산하는 포장 상자는 천연 목재원료 대신 50퍼센트가량 재활용지를 섞어 생산한다. 이는 녹색제품을 만들자는 취지에서 수석디자이너가 낸 아이디어로 원가 절감 우수 아이디어로 선정된 바가 있었다. 당시 생산부장이었던 박인영은 이 아이디어에 전적으로 찬성했는데, 이젠 이 점을 지적하며 무한유통 포장 상자가 품질이

낮다는 쪽으로 매도하고 있었다. 앞뒤 정황을 모른다면 일반 고객들은 무한유통이 아주 싼 원재료로 막대한 폭리를 취한다고 생각할 게 분명했다.

"박인영 사장이 또 뭐라고 하던가요?"

고한영 사장이 분을 삭이며 따지듯 묻자, 신 기자가 머뭇거리며 대답했다.

"무한유통 측에서 제일포인트 같은 납품제조업체에 일방적으로 인팩 브랜드만 쓰게 하는 건 제 살 깎기며, 죽으라는 말과 같다고 하더군요. 그래서 제일포인트는 자생력을 기르기 위해서라도 제일포인트만의 브랜드를 가질 수밖에 없으니, 결국 인팩과 제일포인트를 소비자들이 완전히 별개의 제품으로 인식하도록 용기와 용량을 다르게 만들었다고 합니다."

고한영 사장은 할 말이 없었다. 협력업체를 자신의 영향 아래 두고 싶어 했으나, 그럴수록 상대방은 적대감을 가졌다. 결국 을에 대한 압박과 폭력은 그만큼의 상처가 되어 갑에게 돌아오고 있었다.

생각해 보면 생산1본부를 아웃소싱 회사로 독립시킬 때부터 인팩 제품의 브랜드를 놓고 마찰을 빚어왔던 게 사실이긴 했다. 그러나 신생회사인 제일포인트 입장에선 인팩이라는 브랜드에 의지하는 경향이 컸고, 박인영 사장 역시 인팩 브랜드로 가자는 무한유통의 의견을 따랐다. 처음에는 서로를 위하는 결정이라고 생각했으나 시간이 갈수록 모두를 망치고 있었다. 착각이었다. 이제 제일포인트는 그들의 자체 브랜드를 만든 걸로도 모자라 무한유통만의 노하우를 이용해 포장 상자 사업에까지 뛰어든 것이었다.

고한영 사장의 온몸에 경련이 일기 시작했다.

직원은
비용이 아니라
자산이다

이영달 실장은 아웃소싱으로 노무비 절감이라는 개인적인 목표는 달성했지만, 결국 제일포인트와의 갈등과 비정규직 문제에 대한 책임을 지고서 스스로 회사를 나가고 말았다. 비정규직을 정규직으로 전환하는 과정에서 일부 직원이 해고되었는데, 해고 문제를 해고 컨설팅 회사에 맡기면서 문제가 발생하였다. 해고 컨설팅 회사에서 화상으로 비대면 해고를 하면서 직원들이 쓸모없는 존재처럼 느껴지게 만든 것이 시발점이 되었다. 그러다 해고된 직원 한 명이 자살하면서 문제가 커져버렸다.

하지만 휴가 기간 동안 서울에 있는 대형 유통업체와 물밑 교섭을 해 거처를 옮기기로 이미 결정을 내렸다는 소문이 들려오는 걸 보면 실상 이영달은 전적으로 자신의 실책에 대한 책임을 통감해 회사를 떠난 것은 아니었다. 이영달이 연봉을 몇 배로 올려서 이직했다는 소문은 남은 자들의 마음을 더욱 무겁게 만들었다. 무엇보다 누군가의 죽음은 남아 있는 자들에게 씻을 수 없는 상처로 남았다.

고한영 사장은 곤란해진 회사 사정을 홍영호 회계사에게 털어놓았다. 이영달 실장에게 모든 권한을 주었지만 그는 자신의 개인적인 성과에만 집착했다. 회사를 강탈하고 오염시켜 버렸다. 이제 고한영에겐 의지할 사람이 없었다. 자기 회사의 치부만 드러내는 것 같아 부끄러운 마음이 들기도 했지만, 지금의 위기 상황에서는 사실대로 터놓고 도움을 청하는 편이 나을 것 같았다.

"이번 원가 절감 프로젝트의 방향을 잘못 잡으면서 여러 문제를 야기한 것 같습니다."

홍 회계사는 조심스럽게 말을 이어갔다.

"실제 노무비가 총 제조원가 중에서 차지하는 비중은 10퍼센트 정도밖에 되지 않는 데 비해 간접비는 40퍼센트에 육박합니다. 그런데 직접노무비만 절감하면 원가 절감이 될 수 있다고 생각하고 이걸 기준으로 아웃소싱을 단행했으니, 비용도 절감되지 않고 회사의 핵심역량만 빠져나가고 만 거죠."

홍영호 회계사로서도 아쉽고 착잡한 일이었다. 전 임직원이 함께 소통하면서 움직일 때 비로소 원가 절감 프로젝트가 성공할 수 있는 법인데, 이영달 실장은 소통을 단절한 채 홍 회계사가 작성한 보고서를 왜곡해서 회사가 아닌 자신의 욕심을 채우는 데 이용했다.

불황이 닥쳤다고 사람부터 자르고 비용 절감에만 초점을 맞췄다가는 미래의 성장 동력이 멈춘다. 그래서 불황과 경제위기가 몰아치는 시기보다 끝나가는 시점에 기업이 망할 확률이 더 높다. 비용 절감에만 몰두하는 기업은 체력이 저하되고 절약의 가시에 찔려 나중에 더 큰 위기를 불러일으키는 법이다. 진정한 비용 절감이란 전혀 쓰지 않는 것이 아니라 마땅히 써야 할 곳에는 쓰고 헛된 비용이나 중요하지 않은 수요는 절제하는 것이다.

"할 말이 없네요. 이 문제의 책임은 다른 사람이 아니라 사장인 나한테 있다는 거, 압니다. 강제적인 구조조정이 필요할 때까지 내버려 두지만 않았다면 이런 일은 없었을 텐데 말이에요."

"어쩌면 내부 소통이 제대로 되지 않았다는 게 가장 큰 문제였는지도 모릅니다."

"내부 소통이요?"

"네, 회사의 핵심역량이 무엇인지 직원들마다 서로 다르게 보고 있는데, 소통이 안 되다 보니 각자가 생각하는 핵심역량이 정답이라고 생각했던 것 같습니다. 이영달 실장님은 단순히 비용 절감이 경영의 핵심이라고 여겨 경영기획실 단독으로 추진했고, 다른 의견을 가진 직원들은 그런 방침에 불만을 품다가 결국 회사를 떠난 거고요. 만약 회사의 핵심역량이 무엇인지 서로 미리 의견을 교환하고 수렴했다면 지금의 사태까지 이르진 않았겠죠."

옳은 말이었다. 회사는 비용 절감을 원했고 노조는 임금상승을 원했으며 판매부서와 생산부서는 자신들의 기득권 유지를 위해 대립했다. 심지어 판매부서는 경영기획실장과 합심하여 생산부서를 내몰기까지 했다.

고한영 사장과 이영달 실장의 관계도 중심을 잃고 산산이 부서지고 말았다. 단기 실적에 집착한 이영달 실장의 이기주의와 신규 비즈니스에만 매달린 고한영 사장 사이의 소통 문제가 컸다.

이렇듯 자신의 이익만을 위해 상대를 공격하고 희생시키는 상황에서 방향을 잘못 잡은 원가 절감 프로젝트가 추진됐으니 애초에 제대로 된 결과는 불가능했다.

문제 해결을 위해 고한영 사장은 퇴사한 이영달 실장을 대신해서 TF팀 회의에 참여했다. 솔직한 대화를 이끌어내기 위해 단상을 없앤 고한영 사장은 직원들 틈에 끼어 회의 테이블에 앉았다.

"지금 우리 회사 인력 구조의 가장 큰 문제가 어디에 있다고 생각합니까?"

사장이 무거운 화두를 던지자 침묵이 이어졌다.

홍 대리를 비롯한 회의 참석자들은 순간 당황했다. 직원들은 서로 눈치만 보고 있었다.

그때, 생산부장이 침묵을 깨고 조심스레 입을 열었다.

"직원을 줄이고 정규직원을 최신 설비로 대체하면 비용 절감이 이루어질 거라 생각했던 것 같은데, 아무리 설비가 좋아도 어떻게 기계만 믿겠습니까. 설비도 제대로 운용할 실무자가 없으면 필요가 없습니다. 사실 생산직은 4500만 원이 넘는 연봉에도 정규직원 채용이 어렵고, 어렵게 구해도 6개월이면 절반이 그만둡니다. 모두 사무직만 가려고 하니 생산부서는 1년 내내 구인공고만 내고 있는 실정입니다."

그러나 이것은 무한유통만의 문제가 아니었다. 인구절벽으로 인한 구인난에 대비하고 4차 산업혁명 기술로 생산성을 높이기 위해 대기업들이 먼저 앞서서 무인공장 도입을 추진했다. 그래서 기업들은 생산자동화로 대기업의 절반 수준을 밑도는 노동생산성을 끌어올리기 위해 제조공정의 일부를 스마트공장으로 대체하는 시도를 해왔었다. 인공지능, 사물인터넷IoT, Internet of Things 등 첨단 정보통신기술ICT이 적용된 스마트공장을 중소기업 제조 혁신의 해법으로 생각한 것이었다. 하지만 노동생산성이 높았던 기존 직원들의 상당수가 퇴사하면서 새로운 인력들이 기존의 업무를 따라가지 못하고 포기하는 사태가 발생하고 있었다. 그러자 경력이 풍부하고 능력 있는 직원에 대한 의존도가 높아지자 그들이 퇴사했을 때 큰 문제가 발생했고 안정적이던 인력 수급도 위태로워졌다.

"설비 매뉴얼도 만들었고 교육도 수차례 진행된 걸로 아는데, 아니었나요?"

고한영 사장이 되물었다.

"교육을 하긴 하지만, 실무책임자들이 자기들 일을 하면서 신입직원 교육까지 해야 하는데 그게 쉽지가 않습니다. 혹시 문제라도 생기면 신입직원들이 처리할 수는 없어서 결국엔 저희가 나서서 일처리를 하게 되고…… 그러다 보면 일이 몇 배로 늘어나게 됩니다. 요즘 젊은 세대들은 제조업을 기피하는 추세라 청년 인력이 부족해져서 외국인 노동자에 대한 의존도가 커지고 있습니다. 그런데 외국인 노동자는 언어나 문화장벽으로 작업자와 관리자 간에 소통이 어려워서 품질저하 문제가 발생할 수도 있습니다. 그래서 외국인 노동자들을 관리하는 인력도 필요한 것이죠. 그런데 이 역시 충당하기 어려우니……."

고한영 사장은 실무책임자들의 고충도 이해는 갔지만 직접 자신이 만나본 신입직원들의 얘기는 달라 혼란스러웠다.

"여러분의 생각은 충분히 알겠습니다. 그런데 신입직원들의 말은 좀 다릅니다. 신입직원들은 다들 자신들이 한 일에 문제가 없다고 하고, 실무책임자들은 신입직원들이 하는 일에 문제가 많다고 하는데 왜 이런 생각의 차이가 발생하게 된 걸까요? 문제가 발생하면 신입직원이 직접 해결하도록 도와야 하는데 그러지 않고 직접 처리해 버리니, 신입직원들은 자신이 일을 제대로 했다고 생각해서 계속 그 방식대로 일하기 때문에 이런 문제가 발생했다고 봅니다."

고한영 사장의 갑작스런 말에 회의 참석자들은 한숨을 쉬었다. 몇몇은 오히려 그렇게 말한 신입직원들을 이해할 수 없다는 표정이었다.

"신입직원들 중 절반이 아르바이트 직원입니다. 정규직원이라면 장기적으로 그렇게 일일이 가르치며 투자하고 싶은 마음이 들지만, 언제 그만둘지 모르는 아르바이트 직원들에게까지 그런 노력을 기울이는 건 시간 낭비 같다는 생각이 듭니다. 교육은 미래에 대한 투자인데 저희도 당장 내일 사표를 쓸지도 모르는 직원들에게 시간과 노력을 쪼개가며 투자하기 힘든 게 사실입니다."

고한영 사장은 직원들의 얘기를 들으며 다시금 아웃소싱과 비정규직 문제를 떠올렸다. 파트타임을 쓰기보다는 풀타임직원을 훈련시켜 여러 분야에 활용하는 것이 효율적이라는 생각이 들었다. 아웃소싱의 결과로 제일포인트는 제품에 대한 책임을 지기보다는 무한유통의 핵심역량까지 가져가 버렸다. 아웃소싱과 원가 배부기준을 통해 인력을 내쫓고 자동화 설비로 대체해 비정규직을 늘렸건만 일처리는 제대로 안 되고 있었다. 또한 자동화 설비를 운영할 인력이 뒷받침되지 않으니 오히려 품질관리비용 등 간접비용과 함께 자동화 설비에 따른 자금 부담과 이자비용만 더 들어가면서 악순환이 반복되고 있었다.

"그렇다면 어떻게 이 문제를 처리하면 좋겠습니까?"

고한영 사장이 다시 질문을 던졌다.

"저는 직접노동시간 규제부터 바꾸는 것이 좋을 것 같습니다."

홍 대리는 무엇보다 직접노동시간 규제부터 재고해 보았으면 싶었다. 자신이 찬성했던 타임테이블이 직접노동시간 규제로 악용되었고, 더욱이 이를 기준으로 공통비를 배분하고 아웃소싱을 했으니 구조조정을 당한 직원들에 대해 미안함과 자책감이 들었다. 결국은 타임테이블을 긍정적으로 이용하지 않고 노무비를 절감하는 쪽으로만 초점을 맞춰 원가 절감을 단행해 현재의 여러 가지 부작용이 일어난 것이다. 회사는 효율성을 높이면 생산성이 높아질 것으로 생각했지만 직원에 대한 회사의 불신과 규제가 직원들로 하여금 성장을 포기하게 만들었다.

"그래서 홍 대리는 직접노동시간 규제 말고 뭘 제안하는 건가?"

고한영 사장의 물음에 홍 대리는 순간 당황했다.

노동시간을 너무 규제하는 게 잘못이라는 지적을 하긴 했지만 이를 대체할 아이디어를 생각하진 않았다. 생각이 복잡해질수록 원가 절감은 전사적 차원에서 이루어져야 한다고 했던 홍 회계사의 말이 새록새록 가슴에 와닿았다. 비용이 절감되었어도 외부로 전가되었다면 원가 절감이 아니었다. 원가 절감은 내부원가뿐 아니라 외부원가까지 포함한 전부원가가 절감되도록 해야 하며 이는 ESG 관점에도 부합했다.

"기존 직원의 인력개발에 더 투자를 해주셨으면 합니다. 저희 회사는 교육을 하라고 지시만 내렸지, 실질적으로 실무책임자들을 비롯한 직원들이 제대로 된 교육을 받을 기회는 적습니다."

홍 대리는 직원들을 손에 움켜쥐고 좌지우지할 세력을 막기 위해서라도 직원들의 업무 교육이 필요하다고 생각했다. 애초에 직원들이 공통비 개념을 알았더라면 이런 사태까지 오지 않았을지도 모를 일이었다. 직원을 비용이 아니라 자산으로 보고 투자하는 일은 노동시간을 줄이고 교육시간을 늘리는 데서부터 시작될 것이다. 가장 큰 낭비는 사람 낭비라는 걸 안다면, 사람에 투자하는 것이야말로 낭비를 제거할 수 있는 최고의 투자임을 알 수밖에 없다. 돈을 남기면 하수고 업적을 남기면 중수지만 사람을 남기면 고수라는 말도 있지 않은가.

"의무교육과정을 만들고 연간 100시간의 교육을 받게 하는 건 어떨까요? 하루 8시간을 기준으로 잡는다면 13일 정도의 교육 일수가 나오는데, 이건 교육 휴가 같은 교육

목적의 휴가로 하면 되지 않을까요?"

하지만 우려를 드러내는 사람도 있었다.

"각자 업무를 하기도 빠듯한데 언제 의무교육을 이수하나?"

"교육을 많이 받고 그 효과를 제대로 거둘 수만 있다면 결국 지금의 근무시간을 상당히 단축시킬 수 있을 겁니다."

홍 대리를 비롯한 직원들은 자신들의 의견을 드러내면서 서로의 생각을 알게 됐으니 앞으로는 해결책을 찾기 위해 노력하기로 했다.

고한영 사장은 직원이란 그저 시키는 일만 제대로 하면 된다는 자신의 생각이 틀렸음을 인정하고 있었다. 어쩌면 모든 문제와 해결 방안은 직원들이 이미 알고 있는지도 모른다. 다만 오늘처럼 서로의 생각을 교환할 기회가 적었다는 게 문제였다. 또한 직원들의 얘기를 이끌어내지 못했던 자신의 책임이 컸다. 사람을 많이 가진 자가 최고의 부자라는 생각이 들었다.

■

"홍 대리님, 다이어트는 잘되고 있어요?"

무한유통에 마지막 인사를 하기 위해 온 홍영호 회계사는 승환과 함께 복도를 걸으면서 대화를 나누는 중이었다.

"네, 회계사님 덕분에 잘되고 있습니다. 그리고 다이어트 역시 혼자 하는 것보다 가족들과 함께하는 게 훨씬 효과적이라는 사실도 알게 됐고요. 이젠 아내도 영양소를 체크하면서 되도록 칼로리가 낮은 음식을 하다 보니, 덩달아 식구들 모두 식습관도 바꾸게 됐고. 여러모로 좋네요."

"홍 대리님, 다이어트를 하는 것보다 다이어트 이후에 그 상태를 유지하는 게 더 힘든 건 아시죠?"

"네?"

홍 대리는 순간 당황했다. 지금껏 다이어트라는 목적에만 너무 집중한 나머지 다이어트 이후의 몸 상태를 유지하는 것에 대해서는 그다지 생각을 하지 않았기 때문이다.

"다이어트를 할 때는 옆에서 다들 도와주니 아주 열심히 하게 되지만, 다이어트에 성공하면 안이해지기가 쉽죠. 그러다 보면 자기도 모르는 사이에 옛날 식습관으로 돌아가고 운동도 게을리하게 되고, 결국 요요 현상이 일어나게 됩니다."

요요라는 말을 듣자 승환은 바짝 긴장이 됐다.

"요요 현상을 막으려면 어떻게 해야 할까요?"

"균형 잡힌 식습관과 운동을 생활화해서 반짝 다이어트가 아니라 평생 함께하는 다이어트를 해야죠. 그러지 않고 방심하게 되면 금세 원래대로 돌아가게 되죠. 그럼 또 옛날의 그 힘든 다이어트 과정을 똑같이 겪게 되는 거고요."

홍 대리는 홍 회계사의 조언에 공감하며 말했다.

"다이어트는 원가 절감 프로젝트와 비슷하네요. 프로젝트를 진행하는 기간에는 원가가 줄어드는 것 같다가도 프로젝트가 끝나면 언제 그랬냐는 듯 비용이 원래대로 늘어나니까요."

이에 홍영호 회계사도 맞장구를 쳤다.

"맞아요. 사람들은 다이어트를 하는 기간에 큰 그릇에 밥을 적게 담아서 먹으려고 하며 인내심으로 버텨요. 그런데 다이어트에 성공하면 인내심을 놓게 되고, 큰 그릇에 다시 밥을 많이 담게 되니까 요요 현상이 일어나는 것이죠. 밥그릇을 작은 그릇으로 바꾸면 절제가 더 잘될 텐데 말이에요. 마찬가지로 회사도 마음가짐으로만 원가 절감을 할 게 아니라 돈 나가는 구멍을 없애버려야 해요. 즉, 원가 절감 프로젝트를 통해 단기간에 원가를 절감하기보다는 낭비를 제거하는 활동이 전 직원의 생활 속에 스며들어야 진정한 원가 절감을 이룰 수 있게 되는 거죠."

고한영 사장은 마지막 TF팀 회의를 끝내고 들어온 홍
영호 회계사를 반갑게 맞아주었다.

"그동안 수고가 많았어요."

고한영 사장의 말에 홍 회계사는 착잡한 미소를 지었다.

"별 도움이 되지 못한 것 같아 죄송합니다."

홍 회계사는 자신이 제출한 보고서를 근거로 추진된 원
가 절감 프로젝트가 기대에 못 미치는 결과를 낳아 씁쓸한
모양이었다. 하지만 그 원인이 컨설팅이나 아이디어의 문
제가 아니라 내부 갈등에서 기인했다는 사실을 알고 있었
던 고한영 사장은 오히려 홍 회계사에게 미안해했다.

"실패보다 더 중요한 건 실패의 교훈이니 앞으로 밑거
름이 되지 않겠습니까."

TF팀 대표로 함께 자리한 홍 대리는 그런 두 사람의 모
습을 지켜보다 슬쩍 추임새를 넣었다.

"따지고 보면 그렇게 기대에 못 미쳤던 것도 아니죠. 이
번 프로젝트를 통해 디자인팀과 구매부서는 예상 외로 원
가 절감 성과를 거뒀으니까요."

"하긴 그래요. 포장 상자 건도 그렇고, 부서별 독립채산

제도 구매부서에서 생각해 낸 아이디어였으니까요."

고한영 사장은 지난 일을 떠올리며 말했다.

"시간당 부가가치제도도 좋은 취지였는데 직원들이 직접 실행하기에는 아직 준비가 미흡했던 점이 문제였던 것 같아요. 그리고 이번 원가 절감 프로젝트를 통해 일반 직원들이 사장님과 솔직한 대화의 시간을 가지면서 다양한 건의를 할 수 있었던 점도 성과였고, 그런 건의들이 상당 부분 이루어지고 있는 걸 보면 직원들의 비용 절감 마인드도 많이 달라진 것 같습니다."

홍 대리의 말에 홍 회계사와 고한영 사장의 낯빛도 밝아졌다.

"사장인 나로서는 직원들이 이미 모든 해답을 갖고 있다는 사실을 알게 된 점이 수확이죠. 우리 회사에 홍 대리 같은 인재가 있다는 사실을 알게 된 것도 그렇고요."

고한영 사장의 칭찬에 홍 대리는 몸 둘 바를 몰랐다. 원가 절감 프로젝트를 처음 시작할 때만 해도 매너리즘에 빠져 하루하루를 고역스럽게 보냈건만, 이젠 누구보다 자기 일에 대한 확신이 생겼다. 그런 홍 대리를 흐뭇하게 바라보던 홍영호 회계사는 복도 여기저기에 붙어 있던 임금인상을 요구하는 벽보를 떠올리며 입을 뗐다.

"결국 직원을 비용이 아니라 자산으로 보는 시각이 중요한 것 같습니다."

아마도 지금 고한영 사장의 머릿속에 꽉 찬 고민거리가 바로 그것이리라 예상했기 때문이다.

"임금인상 요구!"

"월급만 빼고 다 올랐다!"

복도 여기저기에는 임금인상을 요구하는 노조 측 벽보들과 붉은 플랜카드가 붙어 있었다. 회사에서 추진하고 있는 스마트공장이 일자리 감소를 가져온다는 불안감도 있었다. 인구절벽이 본격화되고 있어 생산가능인구 자체가 줄어드는 상황 때문에 스마트공장 논란은 곧 사그러들었지만, 사측에서 손실이 나는 상황이며 생산성에 비해 임금인상이 과도하며 평균 임금인상액이 다른 회사보다 높다고 해명하면서 더 큰 논쟁을 가져왔다.

"일반 직원의 인상폭은 적고 대부분의 수혜는 임원 성과급에 집중되어 있습니다."

"평균 인상액이 높아 보이는 것은 일부 임원에게만 성

과급이 집중되어 있어서 평균의 함정이 발생한 것입니다."

"등기임원 평균 급여가 일반 직원의 10배가 넘는데 그런 말이 나옵니까? 삼성의 경우 직원보다 임원 급여가 5배 수준인데, 삼성과 비교해 봐도 임원 급여가 직원에 비해 너무 과다한 것 아닌가요?"

"임원들의 연봉계약에 따라 급여가 설정되고 주주총회에서도 문제없이 규정대로 했습니다."

"직원들 임금을 결정할 때는 실적 우려를 앞세우고 임원들 연봉을 올릴 땐 높은 실적을 앞세우는 건가요? 과거는 항상 임원의 몫이고 미래의 불안은 직원의 책임이라는 건가요?"

연봉외 성과급에 대해서는 평직원들의 불만이 컸다. 연봉에 비례해 성과급을 책정하였기 때문에 연봉이 낮은 직원들이 받는 성과급이 적어질 수 밖에 없었다.

"연봉협상은 어떻게 준비하고 계신지요?"

"실은 그 문제 때문에 한 달 전부터 잠을 설치고 있습니다. 임금을 급격히 인상하면 인건비도 부담될 뿐더러 미래를 위한 투자도 막힐 수 있거든요. 게다가 회사에서 생각하는 급여 수준과 직원들이 생각하는 기대수준이 너무 차이가 나니 어떻게 해결해야 될지 모르겠네요."

"어느 정도나 차이가 납니까?"

"작년 기준으로 본다면 연간 200만 원에서 1000만 원까지 차이가 나기도 합니다."

"사장님께선 급여에 비해 직원들이 하는 일이 적다고 보시는 거네요."

"그렇죠. 그 정도 성과를 내지도 못하면서 다들 너무 눈만 높아져 있어요. 직원들은 오히려 일은 자신들이 하는데 성과는 임원들이 독식한다고 하고요. 임원들도 일은 일대로 하고 책임까지 져야 하는 자리니 자신들이 많이 받는 것은 당연하다고 하네요."

"임금 분쟁이 세대 간 갈등으로도 이어질까 우려됩니다. 아마도 그건 사장님께서 직원들을 비용으로 보고 계시기 때문일 겁니다."

고한영 사장은 낮게 한숨을 내쉬며 난색을 표했다.

"직원을 비용이 아닌 자산으로 보라는 것은 원론적인 얘기죠. 실제 현실은 다르다는 걸 회계사님도 잘 아시지 않습니까?"

"사장님께서는 연봉을 책정하면서 직원들이 급여만큼 일하지 못한다고 말씀하십니다. 그런데 연봉은 앞으로 어떻게 일할 것이냐를 기준으로 책정하는 것이지, 이미 지난 과거를 기준으로 앞으로의 연봉을 정하는 게 아닙니다. 그리고 바로 그 점 때문에 직원들과 사장님이 생각하는 급여 사이에 차이가 생겨나는 거고요."

그것은 사실이었다. 직원들은 급여를 산정할 때 근로자 생계비와 동종업계의 근로자 임금 등을 중요하게 생각하고 회사는 노동생산성과 회사 이익을 중요하게 생각한다. 이렇게 급여 차이가 나는 상황에서 연봉 협상을 하게 되면 보통 그 중간지점에서 결정이 되는데, 이로 인해 회사도 직원도 만족하지 못하는 경우가 허다했다. 회사는 더 많이 주게 됐다고 생각하고 직원은 받을 금액이 깎였다고 생각하기 때문이다. 고한영 사장은 머릿속으론 홍 회계사의 말을 이해했지만 가슴은 여전히 갑갑하기만 했다.

"그럼 어떻게 해야 할까요?"

"급여를 직원들이 직접 정하도록 해보십시오."

고한영 사장은 순간 자신의 귀를 의심할 수밖에 없었다.

"도대체 그게 무슨 말입니까?"

"직원들이 스스로 급여를 책정하도록 하는 겁니다."

"그게 말이 됩니까? 그렇지 않아도 높은 인건비 때문에 골치가 아픈데, 직원들 스스로 연봉을 책정하라뇨? 그렇게 되면 직원들은 다들 대기업 기준으로 자기 급여를 적어낼 게 분명합니다."

고한영 사장은 현실과 너무 동떨어진 이상적인 이야기라고 생각했다.

"인건비를 줄이는 기업보다 오히려 임금을 높이는 곳이 가격도 싸고 서비스도 좋습니다. 잘해서 월급을 많이 주는 것이 아니라 월급을 많이 주니까 잘하는 것이죠. 직원들도 여러 회사를 알아보고 자신들의 능력과 회사의 실적을 보면서 판단하는 거죠. 아까 사장님께서 말씀하셨던 것처럼 직원들은 해답을 알고 있는 겁니다."

고한영 사장은 믿지 못하겠다는 얼굴로 설레설레 고개를 저었다.

"중요한 건 연봉이 아니라 직원들이 연봉에 맞는 역할을 할 수 있는가입니다. 그러니까 직원들로 하여금 연봉을 책정하면서 동시에 자신들의 연봉에 맞는 역할까지 스스로 정하게 하는 거죠. 사장님께서 하실 일은 연봉을 깎는 일이 아니라 연봉에 맞는 역할의 목표치를 직원들이 세웠는지 검토하는 것입니다."

연봉과 함께 자신이 할 일을 적도록 한다는 부분에서는 고한영 사장도 어느 정도 홍 회계사의 의견에 공감했다. 그동안 직원들이 임금인상을 요구할 때마다 기본급을 올리는 대신 각종 수당과 상여금을 만들어 올려주는 관행에 자신도 일조했다는 생각이 가슴 한 곳을 찔렀다. 하지만 공감했다고 해도 이를 시행하는 데는 주저할 수밖에 없었다.

"제 생각에는 상생경영을 위해서도 그렇게 하시는 편이 나을 듯합니다."

"상생경영 말입니까?"

"네, 자신의 몸값을 직원들 스스로 먼저 정하게 하는 것이야말로 미래를 생각하면서 높은 수익을 창출하고자 하는 회사의 의지를 그대로 드러내는 계기가 되겠죠. 직원들이 회사가 자신을 비용이 아닌 자산으로 생각하고 있다는 점도 깨닫게 될 거고요."

비로소 고한영 사장은 홍 회계사가 전하고자 하는 메시지를 알 것 같았다.

"'나쁜'의 뿌리는 '나뿐'이고, '좋은'의 뿌리는 '주는'이라는 말이 있어요. 나를 먼저 생각하면 나쁜 기업이 되는 것이고, 남을 먼저 생각하면 좋은 기업이 되는 것입니다. 회사에 돈을 많이 벌어다 줘서 연봉을 많이 받는 것이라고 생각하지만, 사실은 연봉을 많이 받기 때문에 돈을 많이 벌어오는 것이거든요."

홍영호 회계사의 말은 며칠 동안 고한영 사장의 머릿속을 떠돌았다. 직원들을 비용이 아닌 자산으로 생각하라는 말은 항상 들어왔고, 스스로도 그렇게 말을 하고 다녔다. 그러나 직원을 위해서 한 일은 다 잊어버리고 회사에 서운한 점만 툭 내뱉고 떠나는 직원들을 볼 때마다 자신의 마음을 몰라주는 듯해 내심 서운한 감정이 들었다.

그런데 생각해 보니 이것도 직원들에게 뭔가 해준 것을 인정받고 싶어 하는 욕망이 아닌가? 직원들은 떠난 뒤에라도 먼 훗날 무한유통에서의 일을 기억하며 그때 배운 것이 도움이 됐다는 말을 할지도 모른다. 자신이 직접 그 말을 듣지 못한다 하더라도, 그것은 분명 보람 있는 일일 것이다.

"상생을 위해서는 먼저 주어야 합니다. 나누며 살자는 것이죠. 그러면 대가는 오게 되어 있는 거고요."

그동안 약자의 희생을 통해 강자가 성장해 왔다. 하지만 이것은 이제 옛말이 되어버렸다. 직원들은 회사를 위해 일하는 존재가 아니라 회사의 생존과 성장을 결정하는 동반자가 되어야 했다. 동반자란 무엇인가? 내가 가진 모든 것을 줄 수 있는 존재 아닌가? 그러면 어떻게 하면 회사가 돈을 많이 벌 수 있는지보다 어떻게 하면 직원들을 부자로 만들 수 있는지를 고민해야 한다. 직원이 부자가 되면 회사는 자연스럽게 성장할 수 있을지도 모른다는 생각이 들었다.

'내가 원하는 걸 얻으려면 먼저 상대가 원하는 것을 주어야 한다.'

6개월이 넘는 기간 동안 진행한 원가 절감 프로젝트가 기대치에 못 미치게 된 것도, 따지고 보면 결국 상생경영을 실현하지 못했기 때문이다. 함께 잘되자는 마음보다는 경영기획실장과 판매부장의 이기심, 그리고 그 와중에 아웃소싱된 생산부서 박인영 사장의 자구책 마련을 위한 이기주의 등이 상생경영을 가로막았다.

생각해 보면 자신도 회사를 위해 무조건 직원들의 희생을 강요해 온 게 사실이었다. 그러다 보니 이영달 실장과도 소통이 되지 않았고, 회사 전체는 소통 부재로 인한 불신으로 가득 차 있었다. 서로를 신뢰하지 못하는 마당에 어떻게 한마음으로 원가 절감을 이룰 수 있겠는가. 원가 절감이야말로 어느 한 부서만의 문제가 아니라 전사적으로 이루어져야 하는 일이었다. 부분적인 비용 절감이 아니라 비용이 줄어들 수밖에 없는 시스템을 만들어야 했다.

반신반의하는 마음이 온전히 지워진 건 아니었지만, 직접노무비를 줄이겠다고 아웃소싱을 단행한 후에 경영 상태가 얼마나 악화됐는지를 떠올린다면 홍 회계사가 조언한 방법이 나을 수도 있겠다는 생각이 들었다.

'연봉을 스스로 결정하도록 한다면 최소한 연봉 협상에서 오는 스트레스는 안 받겠지.'

고한영 사장은 결국 인사부장으로 하여금 직원들 스스로 자신이 원하는 연봉액과 자신들이 해야 할 일을 메일로 작성해 보내도록 지시했다.

그로부터 일주일 후, 인사부장은 직원들이 작성해 올린 급여내역서를 가지고 들어왔다.

"연봉액이 생각보다 높습니다."

인사부장은 걱정스러운 듯 말을 꺼냈다.

직접 급여내역서를 확인해 보니 고한영 사장이 처음 생각했던 급여액보다 10~20퍼센트 정도 높게 작성이 되어 있었다.

"그 금액을 써냈다면 직원 스스로가 그만큼의 일을 할 수 있다고 생각한 거겠죠."

고한영 사장은 긍정적으로 생각하려 했다.

"하지만 연봉이 턱없이 높은 직원들도 있습니다."

"우리는 과거의 직원이 아닌 미래의 직원에게 연봉을

주는 겁니다. 직원들은 생각보다 훨씬 현명해서 우리의 목표를 알 것입니다."

고한영 사장은 홍 회계사의 조언대로 과거의 실적이 아닌 미래의 역할 목표로 연봉을 결정하고자 마음먹었다.

"매출목표의 3분의 1이 인건비가 된다는 개념보다 인건비의 3배 목표를 세운다는 개념이 더 생산적인 협상이죠. 어쩌면 연봉을 산정하는 과정이 아니라 원하는 급여를 받기 위하여 어떤 목표를 세워야 하는지에 대한 협상 과정이라고 해야 할 것 같습니다."

직원들을 비용으로 대하니 직원들도 회사에서 받은 만큼만 일한다는 생각이 쌓인 것 같기도 했다. 사실 직원들이 목표를 달성해 더 많이 돈을 벌어온다면 직원들이 원하는 인건비를 줘도 회사에는 이익이 된다. 높은 연봉을 받는 직원들은 그만한 가치가 있음을 돈이 말해주는 것이다. 중요한 것은 정말 회사가 직원을 자산으로 생각하고 있는가였다. 그렇다면 인건비를 아까워하기보다는 투자 개념으로 생각하여 그에 대한 목표와 성과에 초점을 두어야 할 것이었다.

한편 직원들 간에 급여 차이가 발생하는 문제가 있었다. 고한영 사장은 성과도 중요하지만 원 팀이 되려면 직원들 간에 갈등 구조를 만들어서는 안 된다고 생각했다. 그래서 생각한 아이디어는, 팀 전체의 급여는 성과에 연동해서 결정하지만 팀원 개개인의 급여는 성과가 아니라 연공서열에 따라 차등을 두는 것이었다. 이런 차원에서 동일한 직급 간 급여 차이는 높은 급여를 쓴 직원의 수준으로 맞추도록 했다. 그렇게 인사부장에게 지시를 내리면서 고한영 사장은 연봉 협상을 마무리 지었다.

그리고 인건비가 늘어난 만큼 스마트공장의 양적, 질적 확산 속도를 높이기 위해 최첨단 스마트공장시스템을 다룰 수 있는 청년 인재를 지속적으로 채용하기로 했다. 노동집약적인 업종 특성 때문에 청년 인재를 확보하는 데 어려움이 많았지만, 스마트공장 운영을 위한 전문 인력 수요가 늘어나면 오히려 중소 제조업이 3D 업종이라는 편견이 뒤집힐 것이었다. 인건비를 높이더라도 청년 인재를 추가로 채용하여 스마트공장으로 업무 효율을 높이는 쪽으로 최종 방향이 정해졌다.

멀리 가려면
함께 가라

승환의 다이어트도 원가 절감 프로젝트에 맞춰 근본적인 방향 전환에 들어갔다. 전에는 단순히 6개월 내에 10킬로그램을 감량하겠다는 식으로 몸무게 줄이기에만 주력해 칼로리가 높은 음식이라면 무조건 피하기만 했다. 하지만 이는 무지에서 온 잘못된 행동임을 알게 된 승환이었다.

건강 관련 서적들을 읽기 시작한 승환은 생활하는 데 반드시 필요한 영양소들에 대해서도 알게 됐다.

"같은 영양소를 주는 음식 중에 칼로리가 낮은 음식이 뭐가 있나?"

승환은 필수영양소를 섭취하면서 낮은 칼로리의 음식을 찾는 방식으로 다시 다이어트를 시작했다. 여기엔 아내의 도움이 절대적으로 필요했다. 그래서 음식 칼로리를 수첩에 적는 대신 포스트잇에 적어 주방 찬장 위에 붙였다.

"건강한 아빠가 되기 위해선 당신 도움이 절대적으로 필요한 거 알지?"

승미도 승환의 날씬한 몸매를 보고 싶었는지 흔쾌히 협조하기로 했다.

"그러니까 똑같은 영양소를 가지고 있으면서도 칼로리가 낮은 음식이 요것들이란 말이지?"

승미는 카트에 식재료를 담으면서 입가에 미소를 머금었다.

"칼로리 낮은 음식 만들어 먹으면서 덩달아 나도 다이어트하게 되겠다. 잘됐네, 뭐."

"그럼 이제 우리는 날씬한 부부가 되는 건가?"

승환과 승미는 마주 보며 웃었다.

아내와 함께 식습관을 개선해 나가기로 마음먹으니 이상하게 더 이상 다이어트가 두렵게 느껴지지 않았다.

'원가 절감 프로젝트도 이랬으면 훨씬 좋았을 텐데……'

그저 이영달 실장에게 이끌려, 회사 측의 비용 절감 요구에 쫓기듯 진행되는 게 아니라 전 임직원들의 공통된 의견 수렴에 기반을 두고 추진되었으면 아마 지금 같은 위기에 직면하지 않았을지도 모른다.

하지만 언제까지 과거의 실패를 한탄만 하고 있을 순 없다. 승환이 새로운 다이어트에 돌입했듯이 앞으로 전 직원들이 공통된 원가 마인드를 가지고 낭비 제거 활동에 애쓴다면 회사의 역량도 곧 커지리라 생각했다.

정규직 직원들이 많이 빠져나가고 유만식 부장 또한 창업을 하게 되면서 홍 대리는 기존에 유 부장이 하던 일을 넘겨받았다. 농가를 방문해 물건을 구매하는 것도 유 부장 없이 홍 대리 혼자 하게 됐다.

"유 부장님께서 창업을 하시니까 홍 대리님이 더 바빠지시겠네요."

"네. 직원들이 좀 많이 빠져나갔어요."

"그래도 유 부장님은 회사를 그만두셨어도 우리 농가들을 많이 도와주고 계세요."

홍 대리는 농가들의 말에 귀가 쫑긋해졌다.

"어떤 도움을 주시는데요?"

"모르셨어요? 곡물 재고가 골칫거리였는데 곡물과 두유를 가지고 패티를 만드신다고 하더라고요. 곡물로 만든 패티인데 고기하고 맛이 똑같았어요."

홍 대리는 예전에 유 부장과 함께 농가에 갔을 때의 일이 기억났다. 당시 유만식 부장은 물건 구매 외에도 앞으로 어떤 농작물이 잘될 것인지에 대한 조언도 해주면서 농가의 살림살이를 자기 일처럼 걱정하고 챙겨주었다. 그때 홍 대리는 왜 힘들게 그런 일까지 해주나 투덜거렸는데, 농가들은 유 부장의 그런 면모에서 진정한 파트너십을 느꼈던 것이다.

"현재 제가 하는 일들을 고객가치 관점에서 새로이 재고해야 한다는 말씀이신 거죠?"

승환의 물음에 홍 회계사가 말했다.

"흔히 자신이 하는 일이 모두 고객을 위한 것이라고 생각하는데, 진정으로 고객이 원하는 가치는 그와 다른 경우가 많죠. 그래서 많은 시간을 투자해도 고객만족도가 낮은 거고요. 결국 중요한 것은 고객이 원하는 가치를 찾아내 그와 관련 없는 일은 제거해 나가는 거예요. 바로 그런 일들이 비용 절감의 출발점이 되는 겁니다."

홍 대리는 홍영호 회계사가 자신의 책에서 왜 그렇게

'고객을 위한 회계'를 강조했는지 알 것 같았다. 홍영호 회계사에게 '고객을 위한 회계'는 일종의 신념이었던 것이다.

다른 사람을 위한다고 한 일들이 그 사람을 더 불편하게 만드는 경우가 얼마나 많은가? 서비스를 늘리는 것이 고객 만족을 높이는 것은 아니었다. 고객서비스를 줄여서 더 큰 만족을 줄 수도 있다는 생각이 처음으로 들었다. 고객이 항상 편리한 것을 좋아할 것이라는 생각이 고정관념이었다. 오히려 고객이 조금 불편해도 제품의 제작에 참여해서 해당 브랜드에 유대감을 느끼게 되면 그 불편함이 만족감으로 변할 수도 있었다.

"최근엔 디마케팅이라는 마케팅 방식이 유행합니다. 예전엔 단순히 최고의 서비스를 제공하는 걸 좋게 생각한 경우가 많았죠. 하지만 최고의 서비스에는 추가적인 비용 증가가 수반되고 이에 따른 가격상승이 이루어지지 않으면 회사의 이익은 줄어들 수밖에 없습니다. 그러니 수익을 높이면서도 고객만족도도 같이 높이기 위해서는 고객이 원하는 가치에 집중하고, 그 외의 것은 과감하게 없애는 방법을 써야 하는 거죠."

수긍을 하면서도 홍 대리의 머릿속에는 아직 풀리지 않는 의문점이 남아 있었다.

"하지만 부장님이야 경험이 많으시니까 농가가 원하는 정보를 제공하실 수 있겠지만, 저는 아직 그 정도의 경험도 없고 전문가도 아닌데요."

"부장님께 도움을 요청하면 되지 않을까요? 부장님 같은 전문가는 농작물 수급상황을 항상 체크하고 있기 때문에 홍 대리님께서 언제 어느 농가를 갈지 미리 부장님께 말씀드리면 그 농가에 알맞은 정보를 주실 것 같은데요."

홍 회계사는 홍 대리의 얼굴을 다시 한번 힘주어 보더니 말을 이었다.

"바로 그 방식을 상생경영이라고 합니다. 저는 원가 절감의 핵심은 바로 상생경영에 있다고 생각합니다. 나 혼자보다는 다른 사람과 함께 해나가면 훨씬 더 쉽게 원가 절감을 달성할 수 있을 거예요."

"혼자 가야 빨리 갈 수 있다고 생각했었는데……. 함께 가야 멀리 갈 수 있는 거겠죠?"

홍 대리가 활짝 웃으면서 말하자 홍 회계사도 웃으면서 대꾸했다.

"꼭 부장님만이 아니라 거래처나 기타 모든 사람이 상생경영의 대상이 될 수 있습니다. 상생경영은 ESG경영의 필수적인 내용이기도 합니다. MZ세대는 ESG 실천기업의 제품은 더 비싸더라도 구매할 의사가 있다고 합니다. 가격이 비싸더라도 착한 기업의 제품구매를 선호하는 만큼 ESG경영 실천에 적극적으로 나서면 좋을 듯 합니다."

홍 회계사는 ESG는 환경을 생각하고(E) 다른 사람을 배려하며(S) 정직하게(G) 돈을 버는 것을 말한다고 했다. 받고 나서 주는 것이 아니라 주고 나서 받는 것이 상생경영의 핵심이었다. 먼저 주면 상대방의 신뢰를 얻을 수 있고 소통이 시작된다. 회사가 항상 고객에게 어떤 가치를 줄 것인가 고민하듯이 회계도 마찬가지다. 이때 회사의 고객은 물건을 사는 사람이지만 회계의 고객은 회사의 모든 이해관계자인 셈이다.

홍 회계사와의 대화를 끝내고 홍 대리는 생각이 많아졌다. 그러다 갑자기 홍 대리의 머릿속에 섬광이 번쩍 스쳤다.

유만식 부장과 농가를 방문했다가 딸기 농사를 짓겠다는 농장주가 떠오른 것이다. 기는줄기(농작물에서 땅 위로 기어서 뻗는 줄기)에는 영양분이 모여 있으니까 피부에 좋은 성분도 있을 것 같았다. 식물의 열매나 뿌리는 화장품의 원료로 활용됐지만 아직 농산부산물은 쓰레기라는 인식이 강해서

버려지고 있는 현실이다. 부산물을 이용해서 피부 고민을 해결할 수 있다면 돈을 벌면서 환경 문제도 해결할 수 있는 것이다.

한편으로는 월드마트 납품에서 발생하는 수요량 예측에 대한 문제가 남아 있었다. 월드마트 측에서 수요량 예측을 해준다면 금상첨화겠지만, 월드마트 담당자는 불가능한 일이라며 손사래를 쳤다.

"무한유통의 물건만 해도 수백 가지고 다른 회사 물건 종류까지 합치면 수만 가지입니다. 그런데 그 많은 물건들의 판매량을 분석해서 예측해 달라니요. 그건 말도 안 되는 일입니다."

월드마트 담당자의 말마따나 다루는 물량의 종류가 적다는 점에서 무한유통이 월드마트보다 수요량 예측을 더 잘할 수 있는 건 사실이었다. 하지만 문제는 수요량 예측의 기본 자료가 될 월드마트 측 고객 정보를 월드마트가 가지고 있다는 점이었다.

홍 대리는 컴퓨터를 켜고 원가 절감 아이디어 공모 게시판에 글을 올리기 시작했다. 홍 회계사의 조언처럼 상생 경영을 위해서는 다 함께 노력해야 했고, 그러려면 서로에게 도움이 될 정보를 공유해야 했다. 홍 대리의 아이디어는 월드마트와 월드마트 측 고객 정보와 판매량 추이 정보를 공유해서 수요량을 예측하고, 그에 근거해 물량을 미리 확보하자는 내용이었다. 실적을 올리기 위해 마트에 물건을 밀어 넣었다가 나중에 안 팔려서 반품이 들어오는 경우가 허다했는데, 매장에서 소비자에게 판매되는 상품을 실시간으로 공유한다면 반품률을 거의 제로 수준까지도 떨어뜨릴 수 있었다.

홍 대리가 월드마트 건과 관련해 올린 아이디어는 임원회의에서 채택되어 공식적으로 월드마트 측에 제안되기에 이르렀다.

"무한유통을 우리 쪽 전산시스템에 연동하게 되면 고객 정보가 노출될 수 있는데요."

월드마트 구매부장은 난색을 표했다.

"하지만 계속 이런 식으로 가면 제때 납품받기 어렵다는 것을 잘 아시지 않습니까?"

고한영 사장의 얘기에 월드마트 담당자는 잠시 고심하는 듯하더니 입을 열었다.

"좋습니다. 그 대신 수요량을 예측하는 데 필요한 정보

만을 제공하겠습니다. 저희 측에서 수요량을 예측하는 것
보다는 고 사장님 말씀처럼 무한유통 쪽에서 예측하는 게
더 수월하기도 하고, 저희 월드마트도 그 편이 더 비용이
절감될 테니까요."

"납품단가를 조금 올려주는 방안도 검토해 주십시오."

고한영 사장이 때를 놓치지 않고 또 다른 요구를 하고
나섰다. 월드마트 구매 담당자와 만난 자리인 만큼 사장은
이 기회에 납품단가도 해결하고 싶었던 것이다.

단가 얘기가 나오자마자 월드마트 구매부장의 표정이
굳어졌다.

"저희도 먹고살아야 할 것 아닙니까? 판매량을 늘리기
위해 끼워주는 것도 한두 번이 아니고, 경품이나 할인쿠폰,
다른 상품 할인권 제공 같은 마케팅 비용까지 저희 같은
납품업체에 떠맡기는 건 저희 보고 죽으라는 거나 다름없
습니다."

고한영 사장은 월드마트를 공격하려는 의도는 아니었
으나 회사의 몰락이 쫓아오고 있다는 마음에 매출 말고는
아무 생각도 할 수 없었다.

월드마트 구매부장은 답답하다는 듯 표정이 어두워졌다.

"사장님 처지는 충분히 이해가 갑니다만, 제 처지도 이

해해 주세요. 물론 무한유통 판매량 좋죠. 하지만 더 중요한 지표인 이익률 부분에선 문제가 있습니다. 그래서 저희 측에선 이익률을 높이기 위해 할인율을 조정해 달라고 요구하는 거고요."

이익의 덫에 걸리지 않을 사람은 없다. 고한영 사장이나 월드마트 구매부장 모두 자신의 이익만을 추구하는 본성에 복종하고 있었다.

"대형 마트들은 행사 때마다 제품가격을 절반 수준으로 낮추라고 요구하는 게 예사입니다. 그렇게 가격을 대폭 낮추고도 대형 마트 측은 유통마진은 유지하려고 하니 결국엔 납품제조업체들만 손해를 보게 되는 거고요."

홍 대리는 얼마 전 월드마트에서 '10년 전 가격 그대로'라는 슬로건으로 기획 행사를 했던 때를 떠올리며 말을 이어갔다.

"'10년 전 가격 그대로'는 10년 전 가격과의 차이만큼 생기는 손실은 모조리 납품제조업체 몫이라는 말과 같습니다. 거기다 행사 기간 중에 제품이 잘 팔리면 추가로 공급 요구까지 해오는데, 저희 같은 납품업체들은 그런 요구를 받을 때마다 들어주고 싶지 않습니다. 하지만 그러다가도 행여 추후에 제품 진열에 차별받지는 않을까, 납품 물량이 줄어들지는 않을까, 매장에서 철수하라고 하지는 않을까, 온갖 걱정 때문에 결국 대형 마트 측의 요구를 들어줄 수밖에 없게 되죠. 그래서 다들 속으로 대형 마트의 기획 행사에서 제외되었으면 하고 바라는 게 사실입니다."

그때, 월드마트 구매부장이 불쑥 입을 열었다.

"그래서요? 우리 월드마트에 납품을 안 하시겠다는 말씀입니까?"

한참 신나게 얘기하던 홍 대리는 순간 당황할 수밖에 없었다.

"네?"

순간 머릿속이 하얘지는 느낌이었다.

"그게 아니고요, 그러니까 저희들의 고충도 알아주셨으면 좋겠다는 뜻에서 말씀드린 겁니다."

홍 대리가 억지로 입가를 늘리며 눈치껏 잽싸게 말했다.

"협력업체와의 돈독한 파트너십을 위해 그 편이 월드마트 쪽에도 낫지 않을까 생각해서 드린 말씀입니다. 협력사 경쟁력 강화에 힘쓰는 것이 결국 월드마트에도 힘이 된다는 거죠. 적정 납품단가보다 터무니없이 낮은 가격을 제시하는 협력사 요구가 덤핑이 아니고 무엇이겠습니까? 협력사에게 적정이윤을 보장해 주는 것이 단기적으로는 다소 손해처럼 보이지만, 장기적으로는 월드마트에 이익이 될 겁니다."

납품단가 후려치기는 유통업계의 유서 깊은 고질병이었다. 대기업들은 딱 중소기업들이 죽지 않을 만큼만 납품단가를 올려주었고, 중소기업 입장에서는 그렇다고 대기업과의 거래를 끊으면 애꿎은 종업원만 일자리를 잃게 되기에 아쉽더라도 대기업의 요구를 들어줘야 했다. 정부는 납품단가 인하를 금지하는 법안을 마련하고 있었다. 하지만 정부가 이렇게 원가와 마진을 보장해 준다면 경쟁을 통해 원가 절감과 혁신을 할 동기가 없어져 오히려 기업을 망치는 결과를 가져올 수도 있다. 그야말로 딜레마였다.

"그럼 특별히 다른 하실 말씀은 없는 겁니까?"

월드마트 구매부장은 냉랭했다. 미팅을 마무리하자는 월드마트 구매부장의 말을 급하게 끊으며 홍 대리가 다시 입을 열었다.

"월드마트 내부엔 화장실 앞이나 엘리베이터 주변 공간처럼 잘 사용하지 않은 자투리 공간들이 많이 있지 않습니까?"

"일부러 동선을 좁고 복잡하게 만들어서 고객들이 상품을 볼 수 있는 시간을 최대한 늘리려다 보니 그런 공간이 생긴 겁니다."

"네, 에스컬레이터도 1층에서 2층으로 올라가려면 한번에 올라가지 못하고 1층의 전 매장을 다시 한번 돌아가야 탈 수 있는 식이죠. 그런데 그런 엘리베이터 앞이나 화장실로 가는 길목에는 매대가 없더라고요. 그린스토어 개념으로 친환경 페인트를 사용하고 스마트 원격제어시스템을 겸비한 친환경 매대를 만드는 겁니다. 또 전력량을 관리하는 사물인터넷 기술을 사용하면 에너지 효율을 높일 수 있습니다.

또, 전에 구매부장이셨던 유만식 부장님이 사업을 하시면서 재고 곡물을 이용하여 고기 맛을 내는 패티를 만드셨는데요. 맛도 고기와 똑같지만 무엇보다 농가에 남아도는 못생긴 곡물 재고를 활용해서 만든 것입니다. 이 제품을 월드마트에서 판매해 보면 어떨까 합니다. 그리고 한 가지 더 있는데요. 포장 상자에 대한 노하우를 월드마트의 제품 포장에 적용할 수 있는 프로젝트도 제안하고 싶습니다. 일반 대형마트는 납품업체에서 공급받은 상품의 포장을 해체하고 진열하는 데 시간과 인력이 많이 소요됩니다. 그러나 애당초 납품업체에서 포장할 때 무한유통의 포장 상자 기술을 적용하면 포장을 해체하지 않은 채 상품을 판매할 수 있습니다. 또한 무한유통의 포장 기술은 농산품과 공산품으로 구분해서 관리하는 팔레트가 있어서 농산품의 손상을 방지하고 있고요."

그러자 월드마트 구매부장은 잠시 생각하다가 흔쾌히 동의했다.

"제 권한 밖이지만 그다지 어렵지 않을 것 같습니다. 위에 보고해서 무한유통의 제안을 최대한 수용하겠습니다. 포장 상자 프로젝트도 아주 좋습니다. 저희 오픈마켓에서 유통하는 상품과 냉매제를 같이 포장하면 신선한 상태로 판매할 수 있을 것 같습니다. 진열할 때 포장 작업을 반복하면 인건비도 많이 들지만 무엇보다 신농산물은 신선도가 떨어지기 쉬운데, 무한유통의 포장 상자 기술을 접목하면 신선도 유지에도 도움이 될 것 같습니다."

"마이너스 플라스틱 프로젝트는 어떻습니까? 포장재를 제로화하고 경량화하는 것입니다."

"구미가 당기는데요?"

무한유통은 폐페트병을 업사이클링한 친환경 포장 용기와 분리배출이 용이한 무라벨 패키징 방식을 제안했다.

"플라스틱을 대체할 식물성 소재와 바이오 기술을 개발 중인데 월드마트에서 협조해 주시면 큰 성과가 있을 것 같습니다. 요즘 월드마트에서도 ESG가 큰 화두인데 서로 도움이 될 겁니다."

구매부장의 얼굴에 화색이 돌았다.

"월드마트는 선진국보다는 저개발 지역에 집중되어 있었습니다. 동남아 시장에서 요구하는 것이 선진국 파트너들의 요구사항과는 달라서 ESG 준비에 늦은 감이 있었죠. 또 현금흐름이 좋아서 자금수요를 자체적으로 충당할 수 있었던 점도 ESG 등급 개선이 부차적인 목표로 밀려나게 된 이유였고요. 그래서인지 환경 분야(E)와 사회적책임(S) 부문에서 낮은 등급을 받았습니다. 하지만 이렇게 하면 아이디어는 있지만 자금력이 부족했던 무한유통에 자금을 지원하는 방식으로 협력을 도모할 수 있을 것 같습니다."

"저번에 우리가 제안한 공급망 ESG 등급 향상 제안은 어떻게 되었나요?"

"그 제안은 우리 회사 ESG위원회에서 채택하기로 했습니다. 아마 조만간 협력사들을 대상으로 ESG 평가를 실시할 예정입니다. 결과에 따라서는 무한유통처럼 혜택을 받을 수도 있겠지만, 위반사항이 생기면 거래를 중지할 수도 있습니다. 계열사인 월드제과에서는 모든 비스킷 제품에서 플라스틱 용기를 제거하고 무한유통이 제안한 종이 용기를 사용하기로 했습니다. 월드제과의 자체 분석에 따르면 종이용기로 교체할 경우 연간 500톤의 플라스틱을 줄일 수 있다고 합니다. 또 5년 안에 재활용이 가능한 플라스틱 포장재 비율을 65퍼센트까지 올리는 목표를 세우고 있습니다. 그리고 산림청과 연계해서 가평에 탄소중립을 위한 숲을 조성하고 나무 1만여 그루를 심을 계획입니다. 우리 회사와 협력사 모두 성장해야 성공할 수 있다는 점도 ESG에서 중요하게 보는 관점입니다."

홍 대리는 구매부장의 말에 맞장구를 쳤다.

"맞습니다, 부장님. ESG 점수에는 협력업체와의 상생 경영 지수도 중요합니다. 친환경 포장 용기 투자와 관련하여 중소기업에서는 자금과 인력 모든 면에서 부족한데요. 월드마트에서 투자를 해주시면 ESG 등급에 긍정적인 영향이 있을 것 같습니다."

"좋습니다. 지금 장담은 못하지만 위에 결재를 올려서 긍정적으로 검토해 보겠습니다."

"감사합니다."

"저한테 고마워하지 않으셔도 됩니다. 월드마트에도 좋은 일이고, 게다가 무한유통에서 노력해서 얻은 것인데요."

사람을 움직이기 위해서는 자신의 요구만을 강요하는

것보다 상대의 입장을 이해하는 것이 필요하다. 유만식 부장이 농가들의 이익을 높이기 위해 힘쓰는 모습은 홍 대리에게 상생경영이 무엇인지를 다시 생각해 보게 했다. 그리고 그 상생경영을 실천하기 위해 수요량 예측 아이디어를 냈고, 특설 매대 아이디어까지 생각해 낸 것이다.

문득 어디서 보았는지 기억은 안 났지만, 영하 50도의 추위에서 황제펭귄이 서로의 몸을 밀착하여 방풍벽 역할을 해서 혹한을 이겨낸다는 이야기가 떠올랐다. 사람 역시 혼자 살아가는 게 아니었다. 서로에게 이익이 되는 방안을 찾을 때 비로소 진정한 해답을 찾을 수 있는 법이다. 사람은 어려우면 어려울수록 서로 도와가며 살아야 하는 존재였다. 다른 사람을 이기고 정복하려 할수록 더 큰 적이 되어버린다. 강자를 제한하면 약자가 이익을 볼 것이라는 잘못된 인식에서 비롯된 각종 규제들은 오히려 약자들을 의존적으로 만들고 혁신을 막아버렸다.

남을 죽여야 내가 이기는 제로섬게임이 아닌 모두가 승자가 되는 포지티브섬게임으로 전략을 바꾸자 먹구름이 걷히는 듯했다.

"갑자기 좋은 일이 몰려오고 있어."

월드마트 측 구매담당자를 만나고 돌아가던 길에 어딘가와 통화하던 고한영 사장이 전화를 끊으며 흡족한 얼굴로 말했다.

"무한실업에서 자기네 제품을 전담 유통하는 협력업체라고 우리한테 유가인상분을 지원해 준다지 뭔가. 게다가 최근 우크라이나 전쟁으로 원자잿값 인상이 있었으니 납품단가 조정 협의를 하자고 먼저 제안했네. 우리가 요청하지 않았는데도 먼저 우리 고충을 알아주고 무한실업에서 협의를 개시했다는 것이 기분이 좋구만. ESG경영이 막연하게만 느껴졌는데, 이런 게 ESG라면 좋은 것임에는 분명하구만."

홍 대리에게도 기쁜 소식이었다.

"원재료비 상승이다, 납품단가 인하다 해서 대기업과 협력업체 사이에 냉기류가 흐르고 있는 마당에 우리 같은 협력업체에게 이런 지원을 해주다니. 내가 다녔던 회사지만 참 자랑스럽군."

고한영 사장의 말에 홍 대리가 맞장구를 쳤다.

"그게 바로 상생경영인 거죠."

을로 생각되던 약자들이 인터넷이라는 무기를 등에 업고 갑의 횡포를 폭로하는 사건이 연이어 터지면서 대기업들은 협력업체에 부담을 주는 갑과 을의 연결고리를 끊겠다고 나서기 시작했다. 갑이 을을 막 대하던 시대가 지나고 그 가운데 상생경영의 싹이 돋아나는 중이었다. 밀어내기를 없애고 우수한 실적을 낸 대리점에게 인센티브를 지급하는 방식을 도입하자 매출이 더 늘기도 했다. 전통시장 한가운데로 대기업 마트가 들어서는 것을 규제하는 대신 서로 협업하자 고객들은 신선식품은 시장에서, 공산품은 대형 마트에서 구매했고, 대형 마트는 전통시장에서 구매한 물품까지 배달해 주는 상생효과가 나왔다. 또 대형 마트가 전통시장과 상생하여 의무휴업일을 평일로 옮기고 일요일 영업에서 나온 이익을 전통시장에 기부하니 대기업과 전통시장 모두에게 이익이 돌아가는 결과가 나오기도 했다.

사람의 마음은 불편하고 무서운 곳을 피해 편하고 따뜻한 곳으로 흐르기 마련이라서 사람의 마음을 움직이는 데는 규제보다 배려가 더 효과적이다. 우리 회사만 잘되고 다른 회사에 도움이 안 되는 회사보다는 우리 회사도 잘되고 다른 회사에도 도움이 되는 것이 진정한 상생경영이었다. 어떤 회사의 행복도 다른 회사의 고통을 딛고 이루어져서는 안 되었다. 회사company의 어원이 빵을 함께 먹는다는 'cum panis'에서 비롯되었다고 하지 않는가? 이처럼 상생경영은 회사의 존재 이유 그 자체였다.

어떻게 보면 상생경영에도 순서가 있다는 생각이 들었다. 을의 겸손함보다는 갑의 포용력이 더 절실했다. 강자가 먼저 양보하고 배려해야 상생관계를 맺을 수 있겠다는 생각이 들었다. 무엇이든지 남에게 대접받고자 하는 대로 먼저 남을 대접해야 하는 법이다. 주는 것이 곧 얻는 것임을 아는 게 상생경영의 비결이었다.

고한영 사장은 악이 아닌 선, 미움이 아닌 사랑으로 경영을 하는 것이 상생경영의 출발임을 깨달았다. 나 혼자만 생각하는 것이 아닌 우리임을 인식하는 것이야말로 공동체의 신념이 허물어지는 이 시대에 가장 절실한 요구였다.

홍 대리가 제안한 수요량 예측 건과 특설 매대 설치 건은 여러모로 좋은 결과를 가져왔다. 납품업체와 대형 마트의 관계를 단순히 수직관계로만 보던 것이 과거의 관행이었다면, 이제는 홍 대리의 아이디어를 계기로 수직관계가 아닌 진정한 협력관계를 마련하게 되었다고 평가할 수 있었다.

무한유통은 월드마트의 고객 정보를 통해 수요량을 예측해서 납기일을 지킬 수 있게 됐고, 동시에 월드마트는 물량 부족 문제를 해결하게 됐다. 또한 화장실과 엘리베이터 주변에 특설 매대를 설치한 무한유통은 싼 임차료와 원가 경쟁력으로 박리다매를 하다 보니 예상 밖의 높은 수익을 거둘 수 있었다. 월드마트 입장에서는 안 쓰는 공간을 이용해 임차료와 함께 고객만족도를 증진시키는 결과를 얻게 된 것이다.

비록 이를 통해 얻은 수익이 대단히 큰 건 아니었지만, 월드마트가 무한유통을 대하는 태도가 상당히 우호적으로 변했고 앞으로도 상호이익을 늘릴 기반을 마련했다는 점에서 의미가 있었다.

"자네 덕에 대형 마트와도 상생경영을 이룰 수 있게 됐네. 아주 잘했어."

고한영 사장은 출근길 엘리베이터에서 홍 대리를 마주치자 대뜸 그렇게 칭찬했다. 엘리베이터에 타고 있던 직원들의 시선이 승환에게 집중됐다.

"별말씀을요. 사장님께서 저의 제안을 채택해 주신 덕분이죠."

"앞으로는 다른 아이디어가 있으면 핫라인으로 나한테 직접 얘기하게. 자네 의견이라면 내 언제든 대환영이니까."

고한영 사장은 먼저 엘리베이터에서 내렸고, 잠시 머뭇거리던 홍 대리는 급하게 사장을 따라 엘리베이터에서 내렸다.

"사장님!"

고한영 사장이 홍 대리의 목소리에 돌아보았다.

"제일포인트와의 관계를 재고해 주셨으면 합니다."

"제일포인트?"

고한영 사장은 제일포인트라는 말에 미간을 찡그렸다.

"네. 월드마트와 저희 무한유통이 협력관계인 것처럼, 무한유통과 제일포인트도 협력관계지 않습니까? 인팩 제품 납품에 어려움이 있다는 건 사장님도 아실 겁니다. 같이 살려면 공존하는 법을 배워야 합니다. 우리가 돈을 벌었는데 그 때문에 다른 회사가 망했다는 소리를 듣는다면 정당한 돈이 아닐 것입니다. 상생경영을 위해서라도 제일포인트와의 관계를 재고해 주십시오."

홍 대리는 다시 상생경영의 이름으로 제일포인트와의 관계 개선을 아이디어로 내놓은 것이다.

사장실로 돌아온 고한영 사장은 생각에 잠겼다.

홍 대리 말마따나 월드마트와 무한유통이 그렇듯 무한유통과 제일포인트도 협력관계였다. 그리고 고한영 사장은 지금껏 월드마트가 무한유통에게 무리한 요구를 한 것처럼 자신도 똑같이 제일포인트에게 일방적인 희생을 강요해 왔다. 브랜드 문제와 단가 압력이 그랬다. 제일포인트 같은 납품제조업체의 대금은 매번 모든 거래처의 대금을 청산한 후 맨 마지막으로 지불했던 점도 그랬다. 그 결과 제일포인트는 자체 브랜드를 만들었고, 무한유통의 포장상자 노하우를 기반으로 한 자체 포장 상자 제품까지 생산하면서 고한영 사장의 뒤통수를 쳤다. 이 때문에 고한영 사장은 제일포인트와의 거래를 끊었지만, 인팩 제품을 생산납품하는 데 지금껏 어려움을 겪고 있었다.

잔인한 갑. 이것이 고한영 자신의 모습이었다. 사실 애초에 원인을 제공한 것은 자신이 아니던가? 따지고 보면 잘못은 제일포인트가 아니라 그렇게 행동하도록 만든 자신에게 있었다. 혼자 좋은 것을 다 차지하려 들면 반드시

탈이 나기 마련이다. 원하는 것을 얻기 위해서는 먼저 상대방이 원하는 걸 주어야 하고, 그러기 위해서는 자기가 원하지 않는 것을 남에게도 하지 않아야 한다. 이것이 진정한 협력관계고 멀리 가는 길이었다.

이런 생각이 들자 곧바로 고한영 사장은 제일포인트 박인영 사장에게 전화를 걸어 거래를 재개하자고 제안했다.

"그동안 대금 결제를 차일피일 미루곤 했는데 앞으로 그런 일은 없을 겁니다. 제일포인트의 납품 대금 결제 기일을 최고 25일 앞당겨 지급할 테니까요."

고한영 사장은 협력회사와의 공존 공영을 몸소 실천하고 내수경기 위축으로 자금운용이 어려운 협력회사를 지원하기로 마음먹었다. 물론 이렇게 함으로써 무한유통은 연간 약 1억 원의 금융비용을 부담하게 되겠지만, 제일포인트 같은 협력업체가 없으면 무한유통도 존재할 수 없다는 점에서 이는 미래를 위한 투자라고 볼 수 있었다. 가맹점과 대리점 등의 협력업체는 가장 중요한 고객 중의 고객인 것이다.

앞으로는 상생경영 측면에서 협력업체와 함께하는 장기적인 원가 절감 프로젝트를 실시하기로 계획을 세웠다. 그리고 원가 절감으로 나온 추가 이익을 협력업체와 분담

한다면, 이는 무한유통과 협력업체 모두에게 좋은 일일 뿐
더러 자연스레 협력업체와의 공조관계도 돈독해질 게 분
명했다.

이익은

설계 단계에서 모두 결정된다.

– 도요타

회계 천재가 된 홍 대리 4

초판　1쇄 발행 2007년　1월 12일
개정4판 1쇄 인쇄 2023년 10월 11일
개정4판 1쇄 발행 2023년 10월 25일

지은이 손봉석
펴낸이 김선식

경영총괄이사 김은영
콘텐츠사업본부장 임보윤
콘텐츠사업1팀장 한다혜　**콘텐츠사업1팀** 윤유정, 성기병, 문주연
편집관리팀 조세현, 백설희　**저작권팀** 한승빈, 이슬, 윤제희
마케팅본부장 권장규　**마케팅2팀** 이고은, 양지환　**책임마케터** 양지환
미디어홍보본부장 정명찬　**영상디자인파트** 송현석, 박장미, 김은지, 이소영
브랜드관리팀 안지혜, 오수미, 문윤정, 이예주　**지식교양팀** 이수인, 염아라, 김혜원, 석찬미, 백지은
크리에이티브팀 임유나, 박지수, 변승주, 김화정, 장세진　**뉴미디어팀** 김민정, 이지은, 홍수경, 서가을
재무관리팀 하미선, 윤이경, 김재경, 이보람
인사총무팀 강미숙, 김혜진, 지석배, 박예찬, 황종원
제작관리팀 이소현, 최완규, 이지우, 김소영, 김진경
물류관리팀 김형기, 김선진, 한유현, 전태환, 전태연, 양문현, 최창우
외부스태프 표지 및 본문 디자인 집혜림　**일러스트** 간자가

펴낸곳 다산북스　**출판등록** 2005년 12월 23일 제313-2005-00277호
주소 경기도 파주시 회동길 490
대표전화 02-704-1724　**팩스** 02-703-2219　**이메일** dasanbooks@dasanbooks.com
홈페이지 www.dasan.group　**블로그** blog.naver.com/dasan_books
용지 스마일몬스터　**인쇄** 상지사피앤비　**코팅 및 후가공** 평창피앤지　**제본** 상지사피앤비

ISBN　979-11-306-4646-6 (04320)
　　　979-11-306-4639-8 (세트)